DANIELA FERRARO

EMOZIONI DI UNA MAMMA

**Storia Vera Di Una Mamma
Tra Adozione, Disabilità,
Separazione e Rinascita**

Titolo

"EMOZIONI DI UNA MAMMA"

Autore

Daniela Ferraro

Editore

Bruno Editore

Sito internet

http://www.brunoeditore.it

Tutti i diritti sono riservati a norma di legge. Nessuna parte di questo libro può essere riprodotta con alcun mezzo senza l'autorizzazione scritta dell'Autore e dell'Editore. È espressamente vietato trasmettere ad altri il presente libro, né in formato cartaceo né elettronico, né per denaro né a titolo gratuito. Le strategie riportate in questo libro sono frutto di anni di studi e specializzazioni, quindi non è garantito il raggiungimento dei medesimi risultati di crescita personale o professionale. Il lettore si assume piena responsabilità delle proprie scelte, consapevole dei rischi connessi a qualsiasi forma di esercizio. Il libro ha esclusivamente scopo formativo.

Sommario

Introduzione   pag. 5

Capitolo 1: Come ho affrontato la prima adozione   pag. 7

Capitolo 2: Come ho gestito l'arrivo del secondo figlio pag. 26

Capitolo 3: Come ho affrontato la nuova realtà   pag. 41

Capitolo 4: Lo tsunami della mia vita   pag. 54

Capitolo 5: Il processo di rinascita   pag. 75

Conclusione   pag. 105

Introduzione

È grande l'emozione che provo a introdurre quello che andrete a leggere. È la mia storia di mamma. Di una mamma che ha fatto tanto per riuscire a diventarlo e in maniera completamente diversa da come si era immaginata.

La vita aveva in serbo per me delle esperienze belle impegnative che mi hanno messo a dura prova. Ma è grazie a queste esperienze che adesso sono qui a raccontare ciò che mi ha permesso di tirare fuori tutto l'amore che neanche credevo di avere verso di me e verso i miei meravigliosi figli.

Trovare tanta forza e tante risorse dentro di me. Ed è per questo che ho sentito il desiderio di raccontare in un libro la mia storia. Per trasmettere quanto l'amore sia la cosa più bella che la vita ci possa regalare e quanto valga la pena di viverla al meglio.

Premetto che non ho mai scritto niente in vita mia di così lungo (pensavo di non farcela ad arrivare a così tante pagine), neanche un diario da ragazzina, quindi non so quanto riuscirò a comunicare a ognuno di coloro che vorrà leggermi.

Dico solo che ho cercato di scrivere con il cuore. Spero che questo possa far comprendere ciò che principalmente mi preme trasmettere più di tante belle parole: imparare ad amarci e credere nelle nostre potenzialità.

È un bell'impegno che porta grandi risultati. Io ne sono una prova!

Capitolo 1:
Come ho affrontato la prima adozione

"Qualunque cosa tu possa fare, qualunque sogno tu possa sognare, comincia. L'audacia reca in sé genialità, magia e forza. Comincia ora". (Goethe)

Avevo già deciso dentro di me, lo so, ma questa bellissima citazione letta per caso in una rivista un giorno qualsiasi è stato un primo messaggio che l'universo mi mandava.

Ho cominciato così a preparare per la seconda volta i documenti per un'altra adozione. E non sapevo che quel giorno così speciale (era il 7 luglio 2007) avrebbe significato molto di più di quanto andavo a fare. Non solo consegnavo i documenti al tribunale dei minori ma innescavo una bomba che avrebbe raso al suolo la mia attuale vita.

Ho un'immagine precisa e nitida di me quel giorno che da sola – e qui già c'era un segnale evidente – una mattina di un caldo e assolato sabato portavo i documenti al tribunale dei minori di Firenze. A casa ad aspettare c'erano mio marito assieme a mio figlio.

Mio figlio Sorin di sei anni. Sorin… che bello quando mi dissero questo nome! "Si chiama Sorin e ha 18 mesi" mi comunicarono al telefono quelli dell'associazione a cui avevamo dato mandato già da due anni. Non mi sembrava vero! Anche perché l'attesa era andata già oltre a quanto ci avevano assicurato quelli dell'ente e anzi le cose erano peggiorate perché la Romania aveva momentaneamente chiuso le adozioni proprio quando ci eravamo messi in lista di attesa noi nell'ottobre del 2000.

Quindi l'abbinamento di un bambino tanto atteso era arrivato ma non ancora il momento di partire. Però tutte le settimane potevamo sperare che i documenti potessero essere firmati e quindi dovevamo essere pronti per partire. Così ci consigliarono di prenotare ogni settimana l'aereo e per due mesi così facemmo ma senza poter per una sola volta confermarlo. Ogni volta tanta delusione e tristezza che si ripeterono nel giro di pochi giorni per due lunghissimi mesi.

Poi il silenzio totale. Non sapevamo perché non si sbloccasse questa situazione che non era così solo per noi ma per molte altre famiglie. Una di queste l'avevamo conosciuta proprio quel giorno di ottobre (il 7 guarda caso) del 2000 quando andammo a consegnare i documenti e ci trovammo proprio vicini di posto nella sede di Potenza dell'ente. Fu simpatia a prima vista e fu così che ci scambiammo i numeri di telefono.

Era bello poter condividere e parlare con qualcuno che stava vivendo le nostre stesse emozioni! Peccato che noi fossimo di Firenze e loro di Bari, però questo non ci impedì di far nascere una bella amicizia. Amicizia nata anche perché avemmo moltissimo tempo per fare lunghe telefonate per scambiarci informazioni a vicenda della situazione che via via doveva sbloccarsi e soprattutto, cosa ancora più importante, per consolarci e supportarci in quei momenti in cui sentivamo perdere le speranze. Fu la cosa più bella di quei lunghi tre anni di attesa.

E ancora più bella fu quella telefonata all'ora di pranzo di quel 22 dicembre del 2003 mentre stavo mangiando con mia mamma. Era l'ente che mi diceva di fare veloce a comprare i regali di Natale perché non avremmo avuto molto tempo a disposizione. Dovevamo partire per Bucarest e questa era la volta buona!

Mi passò la fame, smisi di mangiare e la mia mente cominciò a pensare a mille cose da fare. Non stavo più nella pelle!

Ora che sono qui a scrivere per la prima volta mi soffermo a ricordare cosa ho fatto nell'istante successivo.

E mi viene in mente la telefonata fatta alla mia amica di Bari che ancora era ignara che a breve anche la sua monotona e tranquilla vita sarebbe stata travolta da un semplice squillo di telefono. I pianti con lei furono liberatori e contenevano l'incredulità, la gioia e tutta la sofferenza dell'attesa che avevamo vissuto assieme. Non mi ricordo invece la telefonata a mio marito ma sono certa di averla fatta.

I giorni successivi furono sconvolgenti. Non riesco a dare una chiara definizione di come stavo. Ero felice? Forse sì… stavo raggiungendo un grande desiderio e per giunta tanto atteso. Come potevo non esserlo? Eravamo sposati da dodici anni e avevamo cercato un figlio da circa 10 – fra esami visite cure speranze – iniziato a pensare di adottarlo, poi colloqui, assistenti sociali psicologici, corsi da quasi quattro e adesso c'eravamo arrivati! Può sembrare normale dire: "Certo che lo sei!".

All'epoca non riuscivo a capire ma adesso posso dire che sicuramente avevo tanta paura, tante aspettative e forse una strana sensazione che non sarebbe stata una passeggiata e che forse non mi sentivo pronta per affrontare quello che non avevo assolutamente messo in conto.

La mattina del 26 dicembre eravamo in aeroporto, pronti per il viaggio che avrebbe cambiato la nostra vita. Mi ricordo di essermi soffermata più volte a guardare qualche bambino pensando: "Se fosse così? Sentirei subito un trasporto verso di lui? Oppure no?".

La mia mente lavorava troppo, non riuscivo a tenerla a freno! Erano quattro giorni che non riuscivo a dormire, a staccare la spina dai continui pensieri che circolavano nella mia testa. È in questo stato che arrivai a Bucarest in albergo nel primo pomeriggio.

Prima ancora che arrivassero a portarci nostro figlio incontrammo, dopo ben più di tre anni, i nostri amici di Bari emozionati quanto noi.

E finalmente alle 17 circa di quel 26 dicembre eravamo quattro neo genitori ad accogliere nella hall dell'albergo due gracili, spaventati, piccoli e meravigliosi bambini: uno biondo e uno moro. La cosa buffa è che per un istante ci fu uno scambio. Io presi in braccio il figlio dei nostri amici e viceversa! Ma solo per un istante. Fu sufficiente. Ho subito sentito che non era lui. E quando Sorin si aggrappò a me fu una presa forte e disperata. Lui non si sarebbe più staccato.

Fu così forte il suo desiderio di attaccarsi a qualcuno che per i quattro giorni che trascorremmo assieme non mi sentivo più le braccia. Voleva solo essere abbracciato. Vorrei dire da me, ma in realtà gli andavano bene un po' tutti. Diciamo che io ero quella a disposizione.

La prima notte la passammo completamenti svegli, non voleva dormire e solo verso la mattina dopo ninne nanne, canzoni, dondolii e non mi ricordo cos'altro, forse per sfinimento, riuscì a lasciarsi andare a un po' di sonno.

Ma come poteva, povero cucciolo, stare tranquillo? Eravamo due perfetti sconosciuti in un'anonima stanza di albergo. Perché doveva fidarsi di noi? Nei suoi quasi tre anni di vita chissà quante facce aveva visto ma quanto poco amore e quanta poca sicurezza aveva avuto? Nonostante ciò il bisogno disperato e innato di ogni essere umano di ricevere amore gli permise in quei quattro giorni passati insieme di lasciarsi andare un pochino per volta.

Peccato che non potevamo ancora portarlo a casa nostra. La legge rumena in materia di adozione prevedeva un secondo viaggio prima che si potesse concludere la pratica.

Pertanto al termine di questi quattro giorni in cui ci sentivamo molto più uniti e speranzosi dovemmo salutare il nostro piccolo tesoro con tanto dispiacere.

A questo punto riuscire ad andare avanti nel racconto mi resta difficile e riaccende il dolore che ho vissuto da quei momenti in poi.

Sorin aveva dei problemi non importava essere degli specialisti per capirlo, anche se nessuno ci aveva anticipato questo. Diciamo che molti dei medici ai quali portammo in visita il nostro bambino appena tornati in Italia, non avevano troppa sensibilità nell'esprimere i loro pareri medici che risuonavano più una sentenza e una condanna, che come un aiuto e un supporto a due neo genitori che si trovavano a vivere un'esperienza più grande di loro.

Unico medico che ricordo in quel periodo così buio fu un fisioterapista del Mayer che mi disse queste parole: "Signora questo bambino è come una piantina secca che non ha ricevuto sufficiente nutrimento, possiamo cominciare a innaffiarla e vedere se e come riprende".

Da lì capii che molto sarebbe dipeso da noi, da me che da ora in avanti ero la mamma tanto attesa e tanto desiderata, che avevo il compito di dare tutto l'amore che serbavo da anni per questa piccola creatura. E anche che non potevamo girare continuamente alla ricerca di luminari che avrebbero potuto rassicurarci sulla riuscita di questa impresa ma affidarci a pochi che ci potevano sostenere anche e soprattutto moralmente.

E così questa piccola indifesa e dolcissima piantina cominciò a piccolissimi passi a stare meglio e un bel giorno riuscì perfino a pronunciare la più bella parola mai sentita: "mamma".

Integratori, logopedia, psicomotricità, psicologia, medicina alternativa, omeopatia, alimentazione mirata e altro ancora, furono i nostri sostenitori e accompagnatori negli anni a venire tutto in funzione e nell'interesse di nostro figlio, affinché potesse migliorare e essere sempre più presente e simili agli altri bambini. Eh sì... alla fine volevamo diventare una famiglia come tutte le altre!

Ce l'abbiamo messa tutta e a volte ci sembrava di esserlo ma tante altre volte purtroppo non era possibile e con la crescita la differenza era sempre più evidente, specialmente a scuola.

Che tristezza andare a prendere tuo figlio a scuola e sentire l'educatore cominciare a elencarti una serie di cose che tuo figlio ha fatto di completamente diverso da quello che vorresti sentirti dire: "Non ha giocato con gli altri bambini, si è messo a dondolare mentre gli altri giocavano a pallone, si è graffiato, non sono riuscita a capire quello che diceva", e altro ancora.

Il rovescio della medaglia era gioire per cose banali tipo "ha tirato due calci al pallone" oppure "per un bel po' è riuscito a prestare attenzione in classe". Ma queste erano molte meno. E io mi facevo facilmente abbattere da tutte le altre.

SEGRETO N. 1: Non permettere che gli altri possano influire sui tuoi stati d'animo. È una proiezione del loro modo di vedere, non della verità assoluta.

Alle recite e a tutte le rappresentazioni di scuola dove tutti i genitori sono pronti a vedere e sentire le prodezze del proprio figlio, orgogliosi nel constatarne la bravura, e tu unicamente a sperare che riesca a stare nel gruppo senza mettersi a dondolare o fare chissà quale cosa strana e stare sempre in tensione per la paura che tutti si possano accorgere che hai un figlio diverso!

Ebbene sì ho un figlio diverso, un figlio diversamente abile, etichettato autistico. Adesso riesco a dirlo e scriverlo ma quando era piccolo e io diversa da ora, ho faticato molto ad accettare questa condizione. Non volevo ammetterlo neanche a me stessa.

Non me ne faccio una colpa, ero diversa e anche più giovane e con mille aspettative. Ero programmata un po' come tutti a rispettare un certo iter sociale: lavoro, matrimonio, figli. E infatti fino al matrimonio ho rispettato quello che pensavo essere anche il mio desiderio. Poi ovviamente pensi che il completamento in particolare di una donna sia quello di procreare, di mettere "su famiglia", avere dei figli.

Quando poi però ti dicono che non puoi averne, o meglio che la possibilità di avere figli è come una vincita al superenalotto, pensi che non stanno parlando di noi. Allora non capisci come sia possibile che questo possa succedere a te. Non lo accetti e cerchi ogni tipo di probabili "soluzioni" per arrivare a dire: "Hai visto, non poteva essere".

Invece passando da una visita all'altra le cose non cambiavano e le risposte che ricevevamo erano sempre le stesse, con pochissime speranze. Il tempo confermava questo: non riuscivo a rimanere incinta. Non era facile tutti i mesi accettare questa realtà. È stato un brutto colpo.

Poi però non mi sono data per vinta, ho elaborato il problema, mi sono fatta aiutare a capire cosa realmente volevo e così ho potuto accogliere ciò che sentivo nel mio cuore e che mio marito già aveva come desiderio: adottare un figlio. Una bella decisione, mi rendeva felice intraprendere questa strada. Unica cosa che mi rendeva impaziente erano i tempi non ben definiti ma certamente molto più lunghi di una semplice gravidanza.

Così cominciai a fremere per cercare di fare tutti i documenti nel più breve tempo possibile. Sentivo che non potevo perdere tempo, la normale attesa e la pazienza non mi appartenevano all'epoca. Avevo deciso, cosa dovevamo attendere? Semplicemente i tempi di una lunga burocrazia. Una volta ottenuto il decreto d'idoneità dal tribunale di Firenze eravamo già pronti per dare il mandato ad un ente che ci avevano consigliato. Il giorno in cui consegnammo i documenti e ci mettemmo in lista di attesa per accogliere un bambino dalla Romania ero felicissima!

Ora mancava poco al raggiungimento del mio desiderio, ci avevano detto entro un anno. Che bello! Mi sembrava di toccare il cielo con un dito. Peccato che dopo pochi mesi capimmo che erano subentrati dei problemi in Romania, pertanto le adozioni si erano bloccate e così pure la nostra. Nuovamente tristezza, incertezza e delusione.

Come era possibile che un'altra volta dovevo soffocare questo mio desiderio di amore verso un figlio, perché ancora non era arrivato questo momento? Ma quando sarebbe arrivato? Quanto dovevo ancora soffrire e soprattutto cosa dovevo ancora dimostrare?

Tutte le mie energie spese per fare veloce e accelerare i tempi per giungere nel più breve tempo possibile al sogno tanto desiderato erano risultate vane. La vita cosa mi voleva comunicare? Questa è una domanda che mi sono posta più avanti, al momento ero solo concentrata sul perché mi succedeva questo, e in particolare sull'agire e fare qualunque cosa mi potesse aiutare a raggiungere il mio obiettivo nel più breve tempo.

SEGRETO N. 2: Importante è prefissarsi un obiettivo e altrettanto importante è vivere serenamente la vita ogni giorno senza avere l'impazienza di arrivarci.

Comunque il momento arrivò quando doveva arrivare e io non ero comunque pronta ad accogliere ciò che la vita aveva in serbo per me.

Un bambino speciale: bellissimo, dolcissimo, fragile, incomprensibile, iperattivo, con comportamenti strani e autolesionista. Nessuno ci aveva preventivato tutto ciò e fu una realtà dura e non ben chiara al momento. Eravamo due giovani ragazzi con un unico desiderio: amare un figlio, un bambino che avrebbe allietato i nostri futuri anni con mille giochi, impegni e tanto altro ancora come era successo ai miei genitori e a tanti nostri amici. Non chiedevamo di più.

Invece la vita da noi voleva di più: ci dovevamo occupare di qualcosa di più grande, il nostro impegno doveva essere maggiore. Perché proprio noi?

Cosa avevamo fatto di male per meritarci questo? Questa era la domanda che mi facevo all'epoca e che adesso penso non mi aiutasse a concentrare le mie energie al meglio. Adesso le domande che mi sarei posta sono queste: cosa abbiamo di speciale per meritare un compito così importante? Come possiamo svolgere al meglio questo compito così impegnativo?

SEGRETO N.3: Porsi delle domande con "PERCHÉ?" non è costruttivo anzi toglie forza ed energie. Le domande costruttive iniziano con "COME posso fare al meglio questa cosa?".

So per certo di averci messo tutto l'impegno e l'amore che avevo e che ancora ho per rendere la vita di mio figlio e di conseguenza la mia più apprezzabile e bella. Mi dispiace solo di non essermi goduta per molto tempo questo "viaggio" presa troppo dalla paura di non fare mai abbastanza e sempre alla ricerca della formula magica. Volevo a tutti i costi dimostrare (a chi?) che avrei potuto cambiare le cose e forse svegliarmi da un brutto sogno e dire che non era vero.

Sono consapevole che grazie al mio impegno e anche quello di mio marito, la mia caparbietà, la testardaggine, la determinazione e il non volersi arrendere hanno permesso che mio figlio abbia una vita migliore di quella che avrebbe avuto con un atteggiamento di vittimismo e rassegnazione.

Mentre scrivo questi pensieri mi viene in mente il libro che sto leggendo adesso e che posso affermare essere stato spunto di riflessione sulle tante cose scritte in queste pagine. Ho avuto molta difficoltà a riprendere certi episodi per poterli raccontare.

Quindi posso ringraziare il ragazzino autistico della stessa età di mio figlio che ha scritto un libro a mio avviso meraviglioso. Un bambino che non essendo verbale, fino all'età di nove anni non ha potuto esprimere ciò che aveva dentro. Poi grazie alla comunicazione facilitata (un metodo utilizzato appositamente per i ragazzi autistici attraverso una tastiera e un computer) è riuscito a far uscire i suoi pensieri, i suoi disagi e i suoi desideri.

Ha scritto in maniera semplice, chiara, dolorosa e allo stesso tempo carica di tanta energia, da trasmettere tanta positività. In molti dei suoi racconti e situazioni difficili che ha vissuto ho potuto vedere anche mio figlio.

Da lì ho potuto capire anche tante cose che possono passare nella mente di un bambino che non ha la capacità di esprimere le proprie emozioni e i propri sentimenti. Ho avuto la constatazione di ciò che ho pensato in questi anni: la grande potenzialità e le tante risorse di Sorin e dei ragazzi come lui. Sono così felice di aver fatto quello che ho fatto con lui.

Io e mio marito, nonostante le difficoltà che ogni volta incontravamo, non ci siamo mai arresi nel volere a tutti costi interpretare la famiglia che sognavamo. Abbiamo affrontato viaggi in aereo, vacanze e gite domenicali come volevamo. Abbiamo fatto vivere a nostro figlio tante cose belle che sono certa adesso, sono state molto apprezzate da lui anche se non ha mai avuto il modo di dircelo e dimostrarcelo.

Accettare ciò che la vita ti pone è sicuramente un passo per una crescita personale che ti può solo portare ad apprezzarla sempre più. Non sempre lo capisci subito. Ma l'importante è arrivarci.

SEGRETO N.4: La vita ti pone davanti a situazioni che sono necessarie per la tua crescita. Sta a te scegliere se fare la vittima o aprire gli occhi e affrontarle.

Così un giorno è maturata la voglia di avere un altro figlio. Si ho deciso che avevo ancora un mare immenso d'amore da dare a una piccola creatura. Sapevo che non potevo riversare su Sorin tutte le mie aspettative che inevitabilmente non sarebbero state esaudite e non posso negare una forma di egoismo nel volere un figlio che avrebbe soddisfatto a pieno (così credevo) una mancanza che sentivo sempre dentro di me. Mio marito era d'accordo nel desiderio di allargare la famiglia, era solo un pochino preoccupato di togliere tempo e amore a Sorin.

Così decidemmo di iniziare una nuova procedura d'adozione. Tanto i tempi sappiamo sono lunghi e quindi intanto diamo il via.

RIEPILOGO DEL CAPITOLO 1:

- SEGRETO n. 1: Non permettere che gli altri possano influire sui tuoi stati d'animo. È una proiezione del loro modo di vedere, non della verità assoluta.
- SEGRETO n. 2: Importante è prefissarsi un obiettivo e altrettanto importante è vivere serenamente la vita ogni giorno senza avere l'impazienza di arrivarci.
- SEGRETO n. 3: Porsi delle domande con "PERCHÉ?" non è costruttivo anzi toglie forza ed energie. Le domande costruttive iniziano con "COME posso fare al meglio questa cosa?"
- SEGRETO n. 4: La vita ti pone davanti a situazioni che sono necessarie per la tua crescita. Sta a te scegliere se fare la vittima o aprire gli occhi e affrontarle.

Capitolo 2:
Come ho gestito l'arrivo del secondo figlio

E così fu: il 7 luglio 2007 ero a consegnare i documenti.

La seconda "gestazione" l'ho vissuto molto più serenamente. Non avevo più quella fretta e bramosia di raggiungere l'obiettivo figlio e poi mi dicevo che se le cose dovevano andare in quella direzione sicuramente avremmo trovato il modo, i soldi e i tempi senza sforzi eccessivi da parte mia. Senza saperlo stavo già andando nella direzione giusta.

"Quando desideri una cosa, tutto l'Universo trama affinché tu possa realizzarla". (Paulo Coelho)

Aggiungo, se hai la pazienza di aspettare e di cogliere i segnali che l'universo ti invia.

SEGRETO N. 1: l'universo sa cosa è bene per te e trama

affinché tu possa capire e cogliere i segnali che ti manda.

Infatti con questo spirito arrivammo dopo ben altri quattro anni a ricevere la fatidica e tanto attesa telefonata che ci invitava a prepararci per partire. Questa volta più lontano... In Africa, nella Repubblica Democratica del Congo.

Mi ricordo perfettamente quando mi chiamarono per dirmi che questa sarebbe stata la provenienza del nostro secondo figlio.

Giuro che non sapevo dove fosse e fu bellissimo quel momento condiviso con i miei favolosi angeli custodi nonché amici Andrea e Rosanna che mentre parlavo al telefono con l'ente mi facevano vedere dal computer i bellissimi visi e i grandi sorrisi dei bambini congolesi.

Fu un amore improvviso verso una realtà lontana e sconosciuta, ma affascinante. Vedere la gioia in quegli occhi e in quei meravigliosi sorrisi con attorno poco e niente ti fa riflettere e apprezzare molte cose. La felicità viene da dentro di te e non dalle cose o dalle persone che ti circondano.

SEGRETO N. 2: la felicità va trovata dentro se stessi e chiunque accoglierai sarà sicuramente un potenziamento.

Nell'attesa di vedere il volto di mio figlio osservavo i mille video e foto su internet che ritraevano immagini e situazioni di vita di un mondo a me sconosciuto e che piano piano stava entrando dentro di me. Mi emozionava vedere l'allegria e soprattutto la lucentezza negli occhi di quei bambini meravigliosi. Io stavo aspettando proprio uno di loro!

Ovviamente dovemmo attendere un bel po' di mesi (18 per l'esattezza) per arrivare ad avere finalmente la prima e unica foto al momento disponibile di nostro figlio.

Che emozione fu! Nel suo unico foglio di presentazione c'era scritto: carismatico, solare e amante della PlayStation. E con queste premesse ci fu fatta vedere la foto in mezzo busto di un bellissimo bambino fiero e determinato di nome Glody.

La mostrammo a tutti i parenti e amici, ma soprattutto a Sorin che sembrava essere contento e impaziente di avere presto un fratello.

La sua foto era in bella vista a casa nostra e aspettava solo che quello sguardo e quella presenza diventassero reali.

Di nuovo attesa, un'attesa sempre incerta con date approssimative e sempre con problemi burocratici che rallentavano l'iter. Però finalmente questa volta sembrava tutto più facile. Infatti tante cose erano arrivate diciamo un po' da sole o meglio non le avevo rincorse e così ci dicono a giugno di partire. Tempo di fare i biglietti, saldare l'ente, fare i vaccini e siamo prontissimi anche questa volta!

Ero naturalmente molto emozionata ma anche molto serena, curiosa e ricordo quei giorni prima della partenza molto frenetici sì, ma principalmente euforici. Ero felice, anche se non sapevo cosa mi aspettasse naturalmente. Semplicemente ero fiduciosa e forse sentivo dentro di me che stavo facendo la cosa giusta! Ero anche supportata da molti amici e colleghi che sapevano e avevano vissuto assieme a me tutta l'attesa e i vari momenti e mi sentivo contenta di dividere con loro questa mia esperienza.

SEGRETO N. 3: ascolta il tuo cuore. Lui sa quello che è bene

per te. Fidati.

Lasciammo Sorin al mare con i nonni e il cuginetto, d'accordo con la psicologa dell'ente che era meglio per lui non affrontare questo viaggio e con molto dispiacere al pensiero di rimanere distanti per così tanto tempo da lui, ma nello stesso tempo pronti nell'affrontare questa nuova avventura più consapevoli e maturi.

Giungemmo a Kinshasa nel tardo pomeriggio di un giorno lavorativo e la vista appena usciti dall'aeroporto fu catturata da un mondo straordinariamente caotico, colorato (nonostante fosse all'imbrunire) e affascinante. Dico milioni (tanto per dire un numero grandissimo) di persone tutte per strada. Chi a piedi, senza badare se passavano veicoli, chi su qualsiasi mezzo, spesso super affollato di uomini e donne che tornavano dal lavoro e/o dal grandissimo mercato che fino a poco tempo prima si articolava lungo i margini della strada.

Il viaggio al nostro albergo durò circa un'ora quindi ebbi tutto il tempo per osservare e catturare tante immagini e scene di vita che mi incuriosivano e nello stesso tempo mi affascinavano.

Sfiniti arrivammo finalmente nella nostra stanza di albergo e, nonostante la mia stanchezza, non potei non notare nella camera comunicante, che sarebbe stata la stanza di nostro figlio per i prossimi giorni, un enorme geco sulla parete. Lo sapevo che avrei dovuto sorvolare su molte cose e non farmi tante domande, ma questo animaletto nel giro di poco tempo fece un bel volo dalla finestra nonostante il nostro accompagnatore ci avesse consigliato di tenerlo perché ci avrebbe aiutato con le zanzare.

La mattina dopo eravamo pronti e in attesa che arrivasse il nostro referente per andare all'istituto dove stava nostro figlio.

Giunti davanti al cancello il mio cuore batteva forte forte e, nell'attimo in cui entrammo nel cortile dove ci stavano venendo incontro le maman, l'avvocato e la psicologa, vidi arrivare di corsa un bambino che si fece varco fra gli adulti e si catapultò nelle braccia di mio marito: era Glody!

Nonostante i suoi otto anni, in quell'abbraccio vidi un bambino piccolissimo che non vedeva l'ora di farsi proteggere dal fisico possente di un padre. Una tenerezza immensa mi invase!

Poi si rivolse verso di me e fece altrettanto. Sarei potuta rimanere così all'infinito. Era più bello di quella foto. Era meraviglioso. Un sorriso incantevole. Mi ero già innamorata.

Rimanemmo lì qualche ora, e insieme a lui visitammo il centro e scambiammo qualche parolina, mio marito giocò a pallone con tutti i bambini e io non smettevo mai di guardarlo.

Poi ci dissero che il tempo era finito e che nostro figlio sarebbe venuto a stare con noi dal giorno dopo. Lo avremmo aspettato in albergo. Il tempo che ci separò lo passammo a vedere e rivedere le foto che ci aveva fatto il nostro referente mentre eravamo con lui. Momenti di pura felicità!

Gli avevamo comprato una mega macchina telecomandata che gli mostrammo solo quando fu lì con noi (al centro avevamo portato tanti altri giocattoli che furono condivisi con gli altri bambini) e in un batter d'occhio cominciò a farla funzionare e a giocarci. Poi volle il cellulare per ascoltare la musica. La tecnologia si era già impadronita di lui. O meglio lui aveva già dato dimostrazioni di gradirla molto.

La nostra vita per i seguenti giorni fu principalmente in quella stanza di albergo, alternata a qualche uscita per andare a fare la spesa (avevamo portato qualche genere alimentare da consumare e una piastra elettrica per cucinare quasi tutti i giorni) per andare a firmare documenti e anche piccoli svaghi tipo andare allo zoo e a un mercatino locale.

Glody gradiva principalmente stare con noi in quel piccolo mondo fatto di un letto, da usare non solo per dormire ma per saltare e giocare a cuscinate o a rincorrersi, una televisione, che trasmetteva i soliti programmi e film e un bagno da dove non sempre usciva acqua.

La stanza che sarebbe stata a sua disposizione fu usata pochissimo, aveva scoperto che stare con noi nel lettone era molto più bello e quindi la notte era sempre vicino a me rimanendo costantemente in contatto fisico anche solo per pochi lembi di pelle.

Una delle poche distrazioni che avevo era quella di poter comunicare via mail con i miei amici in Italia e avevo preso l'abitudine a fare una specie di diario della giornata. Ecco qua un racconto fatto alla mia cara amica Rosanna di una giornata particolare.

Da: Daniela
A: Rosanna
Data: 26/06/2011 17.17
Oggetto: Una domenica a Kinshasa

Ti racconto la nostra domenica: sveglia alle 6 e Glody abbastanza tranquillo, poi scendiamo a fare colazione e lì si chiude, perde quel sorriso meraviglioso e quella risata che fa innamorare. Anzi si mette a piangere e non riusciamo a capire il perché non mangia e velocemente facciamo colazione e torniamo in camera. Va un po' meglio, cerchiamo di farlo divertire con tutte le cose che la sera prima lo avevano reso un bambino allegro, vivace, divertito e divertente ma con poco risultato.

Decidiamo di lasciarlo stare, in fondo è tranquillo. I nostri sguardi sono tanti e capisco che ha bisogno di tempo per fidarsi del mondo! Infatti poi fa colazione e sembra tornare sereno.

Abbiamo appuntamento alle 11.30 con il nostro referente.

Finalmente usciamo a fare un giro al mercatino di Kinshasa! Non avrei mai creduto fosse possibile e invece eccoci qua fra le bancarelle a comprare dei piccoli cadeaux per noi e i nos amies! Che bello. Unico neo non poter fare neanche una foto... è vietato e allora devo immagazzinare tutto, non posso dimenticare niente di questa magnifica terra che mi ha donato un figlio!

Poi come previsto andiamo a pranzo fuori con il nostro referente e il taxista (che lo fai aspettare fuori?). Mangiamo dei piatti fra il francese e il congolese molto buoni ma anche lì Glody diventa serio e fa due lacrimucce poi decidiamo di non dargli molto peso, comincia a mangiare e alla fine si scioglie e si beve tutta la coca cola che all'inizio non voleva!

Facciamo un giro panoramico su Kinshasa e vediamo anche il fiume Congo. Che città incredibile, si vede che è domenica perché c'è molta più calma degli altri giorni, ma si nota tantissimo lo sporco, la povertà ma anche i grandi palazzi, le ambasciate, un misto di tutto e nel mentre ho un po' di tristezza pensando a

Glody che dovrà lasciare la sua terra, le sue origini e per adesso non se ne rende conto, ma si deve fidare di noi, due sconosciuti fino a poco più di dieci giorni fa.

Torniamo in albergo per la felicità di Glody e ancora non c'è acqua... uffa ho una voglia di lavarmi le mani con acqua corrente! In bagno ci hanno messo un grande secchio e... tanti saluti! Non voglio pensare come abbiano fatto le pulizie. Beh su tante cose non mi soffermo ed è meglio speriamo solo di tornare presto a casa!

Il tempo passava lentamente anche se lui ci deliziava spesso con balletti (al pari di Michael Jackson) e giochi da condividere. La voglia di tornare a casa con il nostro bambino era immensa e ancora di più accentuata dal sapere che a casa ci stava aspettando Sorin che dopo una settimana circa cominciò a sentire la nostra mancanza e noi la sua.

La goccia che fece traboccare il vaso o meglio fece perdere a me la forza di sopportare ancora quel "carcere forzato" fu la notizia che saremmo dovuti stare ancora quattro giorni chiusi in quella stanza per mancanza di posti sull'aereo che avrebbe potuto portarci a casa. I documenti erano pronti a tempi di record ma nonostante il costo esoso che avevamo sostenuto nell'acquisto dei biglietti aerei affinché potessimo decidere il giorno di rientro all'occasione, non era possibile perché non c'erano i posti disponibili per i prossimi quattro giorni. Non fecero effetto neanche i pianti davanti alla signorina della compagnia aerea...

Quei giorni furono lunghissimi anche perché non uscivamo proprio più dalla stanza, neanche per fare colazione. Glody si rattristava ogni volta perché – così ci fece capire – le cameriere gli si rivolgevano con fare che a lui non piaceva, dicendogli cose sgradevoli.

La mattina della partenza non stavo nella pelle, avevo tanta emozione e voglia di fare. Mi aspettava un nuovo ciclo di vita, ora avevo due figli. Un figlio a casa che non vedevo l'ora di rivedere – con tutti i problemi che comunque sapevo mi aspettavano (anche se non potevo allora immaginarne altri) – e l'altro figlio che adesso era lì con me, euforico e anche lui emozionatissimo, per partire alla volta di una nuova vita, un nuovo posto: l'Italia.

Come era curioso di scoprire questa realtà! È vero che gli prospettavamo una situazione più adatta a un bambino – con dei genitori e tutto il necessario – ma è anche vero che lo portavamo via dalle sue radici, dalla sua terra.

Un velo di tristezza quella mattina appena sveglia mi avvolse e mi fece uscire queste poche parole che inviai alla mia carissima amica Rosy che ci aspettava a braccia aperte in Italia, a Firenze.

Data: 2/07/2011 9.49
Da: Daniela
A: Rosanna
Oggetto: Ciao Africa

Ciao Africa, non voglio dirti addio e non posso dirti arrivederci. Non avrei mai pensato che la vita mi avrebbe portato qui e per giunta per questo motivo. Ma mi dispiace non averti vissuto come sarebbe stato giusto e come avrei voluto! Ti ho potuto ammirare in poche circostanze e per tante ore ho visto un piccolo scorcio di vita dalle grandi finestre (per fortuna!) della nostra camera! Ho visto tante belle persone, tanti bei visi, tanta serenità con poche cose.

Me ne vado con un pezzo della tua terra... e prometto di conservarlo, crescerlo e amarlo con tutta me stessa!
Ciao Africa
Mamma di Glody

RIEPILOGO DEL CAPITOLO 2:

- SEGRETO n. 1: l'universo sa cosa è bene per te e trama affinché tu possa capire e cogliere i segnali che ti manda.
- SEGRETO n. 2: la felicità va trovata dentro se stessi e chiunque accoglierai sarà sicuramente un potenziamento.
- SEGRETO n. 3: ascolta il tuo cuore. Lui sa quello che è bene per te. Fidati.

Capitolo 3:
Come ho affrontato la nuova realtà

Finalmente il 3 luglio, dopo ben 18 lunghissimi giorni facemmo ritorno a casa!

Questo periodo ne ho un ricordo un po' vago. Ci dovevamo adattare a nuove situazioni e ritmi. Scoprirci un po' a vicenda, a tu per tu ma anche come famiglia formata da quattro persone che dovevano entrare in sintonia. C'era certo il problema di lingua, cultura e abitudini diverse, ma soprattutto la difficoltà di entrare in un'intimità familiare non così immediata e scontata. Nuove regole all'interno del nostro menage da capire e da attuare.

Dal momento che era estate e io potevo godere di assenza dal lavoro per congedo di maternità ci concedemmo un periodo di vacanze per prenderci dei momenti di piacere e relax e adattarci gradualmente alla convivenza.

Sembrava un bel momento vedere un tuo sogno realizzarsi. Forse non così "canonico", meglio dirsi originale e diverso ma per me fonte di grande forza e orgoglio: avevo creduto in ciò che volevo ed ero riuscita a portarlo a termine. Con tanti momenti di scoraggiamento questo è vero ma adesso mi trovavo a vivere dei bellissimi momenti con mio marito che mi amava tantissimo e due meravigliosi bambini che sentivo di amare dal profondo del mio cuore.

Dopo aver elaborato e messo da parte il desiderio iniziale e naturale di una donna di voler tenere in grembo un bambino, ero più che convinta che l'amore non ha limiti, può nascere da qualsiasi parte e in qualsiasi contesto e superando ogni ostacolo. Mi piace affermare che io ho "partorito direttamente dal cuore".

SEGRETO N. 1: L'amore non ha limiti, può nascere in qualsiasi contesto e superando ogni ostacolo.

Mi dispiace solo che mi mancano alcuni anni di vita dei miei figli che non ho potuto godermi.

Passavano i mesi e cominciavamo a vedere quanto questo nostro bambino fosse una forza della natura. Forte e non solo fisicamente, determinato, tosto, duro ma se osservato bene faceva intravedere tanta dolcezza. Con una forte corazza, ma dentro di una fragilità incredibile.

Per niente facile da decifrare per noi il suo modo di porsi, via via lui acquisiva più sicurezza e volontà. Peccato che la sua volontà principale e quasi unica era quella di giocare alla PlayStation praticamente all'infinito. E questo fu motivo di grande conflitto e battaglia fra noi e lui. Non accettava regole e consigli pertanto si era andato a creare un clima di tensione che poteva solo sfociare in gran rabbia e difficile gestione familiare. Infatti cominciarono, dopo il periodo estivo, i primi problemi di assestamento.

La sua rabbia, giustificata e comprensibile, era tanta e stava venendo fuori, ora che aveva una pur breve certezza di possedere due genitori pronti a contenerla.

Avevamo già affrontato una adozione, letto libri sull'argomento fatto nuovi corsi e colloqui con vari psicologi e assistenti sociali, ma dire che eravamo pronti ad affrontare così tanto non era assolutamente vero. Non puoi sapere cosa può aspettarti, ogni caso è a sé, ogni persona, bambino ha la sua storia e il suo modo di elaborare e di reagire.

Diciamo che cerchi di fare il meglio in base a ciò che hai appreso anche se inevitabilmente quando sei coinvolto emotivamente e direttamente hai bisogno di qualcuno che ti rassicuri che stai prendendo la strada giusta.

La psicologa dell'ente, su nostra richiesta, fu disponibile a vederci e darci suggerimenti ma posso affermare che quando ci trovavamo nel bel mezzo di una esplosione di rabbia incontrollata ci sentivamo soli, incerti e con pochissime sicurezze di fare la cosa adatta. Oltretutto spesso con idee e reazioni diverse fra di noi. E questo era motivo di maggiore incertezza, frustrazione e tensione in famiglia.

Anche questa volta la vita mi metteva a dura prova, con difficoltà diverse, ovviamente, rispetto a quando era arrivato il mio primo figlio ma comunque di grande disagio.

Per una volta, non potevo affrontare situazioni comuni a quasi tutti i genitori? Perché dovevo combattere con tutte le mie forze per ottenere ciò che qualcuno riceve dalla vita con semplicità e naturalezza?

Mi facevo queste domande mentre la situazione in casa cominciava ad essere difficile. Le gite della domenica che mi sognavo stile famiglia Mulino Bianco erano svanite in un batter d'occhio anche questa volta.

La "luna di miele" era finita. Stava passando dalla fase in cui faceva di tutto per piacerci a quella in cui ci sfidava in ogni cosa che faceva per capire quanto eravamo disposti a sopportare. Quanto eravamo disposti a sopportare e accettare?

Teoricamente era facile capire la sofferenza di un bambino costretto a cavarsela in tutti questi anni da solo in una "giungla" di adulti e di altri bambini che chiedono soltanto di avere un po' di considerazione e un briciolo di amore. Sopportare tanti soprusi e maltrattamenti e non poter ribellarsi. Essere soli al mondo e non avere nessuno che ti può rassicurare e coccolare e raccogliere le tue paure. Solo il pensiero mi fa rabbrividire.

E così capisci che inevitabilmente per sopravvivere non puoi far altro che crearti una corazza affettiva per non sentire tutto il dolore e la sofferenza. Ti chiudi e non permetti a nessuno di intaccare il tuo mondo interiore e inevitabilmente non hai motivo di credere che qualcuno lo voglia fare per aiutarti e amarti.

Era facile capire tutto questo. Molto più difficile e complesso era capire il modo più semplice, indolore e sicuro per permettere di infiltrarsi, ovviamente a piccole dosi, in questa corazza così dura da sembrare indistruttibile. In certi momenti mi sono chiesta se esisteva veramente un modo per arrivarci.

La situazione a casa stava lentamente precipitando. Non riuscivamo a contenere le crisi di rabbia e pianti (molti meno) che spesso scaturivano da semplici dinamiche quotidiane. L'argomento quasi sempre principale era l'orario eccessivo di gioco con il videogame e il suo completo isolamento, e di conseguenza non voler rispettare ciò che gli dicevamo.

Quanti discorsi sul fatto che era nocivo concentrarsi per troppe ore, quanto danno poteva arrecare al cervello e noi da bravi genitori ci sentivamo in dovere e in diritto di pretendere la buona educazione e il rispetto di regole imposte. E il venir meno a queste ci metteva in difficoltà e faceva vacillare la nostra importanza genitoriale e non solo.

Io ero più disposta a parlare, contrattare e discuterne, mio marito era più istintivo e impositivo. Quindi spesso eravamo in contrasto noi stessi sul da farsi. E questo sappiamo bene che non è cosa buona per i figli.

Certo lo sapevo perfettamente (avevo letto un sacco di libri) ma quando eravamo dentro a una discussione non riuscivo a trattenermi dal fermare mio marito che agiva diversamente da me. Com'era difficile adesso mettere in pratica ciò che ritenevo essere un buon comportamento da bravo genitore. Riuscire ad essere calmi e lucidi in certi momenti era veramente impossibile. Queste discussioni facevano tirare fuori il peggio di ognuno di noi.

Adesso capisco che certe relazioni hanno la capacità di far

emergere in noi vissuti che ci hanno fatto soffrire quando eravamo piccoli e li riviviamo proprio con i nostri figli. Affrontiamo tutto questo non come adulti consapevoli ma come i bambini che eravamo. I bambini che in vari momenti della propria infanzia non avevano ricevuto la considerazione e le attenzioni che necessitavano e pertanto rimaste impresse nella memoria di ognuno.

Il figlio riattiva queste dinamiche e il rapporto che si scatena non è fra adulto e bambino ma fra due bambini feriti. Quindi com'è possibile affrontare un rapporto con i propri figli e rimanere centrati come adulti? Ascoltando prima di tutto il bambino dentro di noi. Ne parlerò più avanti.

SEGRETO N. 2: ascolta il tuo bambino, quello dentro di te, quello che eri e accoglilo per la meraviglia che è. Amalo per quello che è: non aspetta altro che poter essere riconosciuto. Dopo potrai comprendere e capire anche tuo figlio.

Gli scatti di rabbia erano non solo verbali ma anche fisici e spesso in casa volavano oggetti, calci, schiaffi e pugni. Situazioni che io non avevo mai vissuto fino adesso e che mi facevano vedere il tutto come un qualcosa di così grave e inverosimile.

In tutto questo mi sentivo in difficoltà verso Sorin: far vivere una dinamica familiare così violenta a un bambino sensibile, dolce e in difficoltà comunicative come lui era da irresponsabili. Ma come potevamo evitarle? Anche questa volta nessuno poteva farlo al posto nostro. Qualche consiglio e suggerimento ma niente più.

Infatti di lì a poco anche lui cominciò ad avere le sue reazioni. Andavano ad aggravare un quadro già molto delicato e sensibile. I suoi comportamenti cominciavano a dare segnali di disagio, insofferenza e sicuramente di gelosia verso un fratello che aveva scombussolato un equilibrio familiare.

Sapevo che Sorin era seguito periodicamente da una valida pedagogista e questo mi permise di stare un po' tranquilla per lui. Era al corrente di tutto quanto e molto disponibile ad ascoltarci e darci consigli sul da farsi. Mi faceva pensare di non essere completamente allo sbando.

Sapevo che ci sarebbe voluto un tempo per adattarsi. Continuavo a ripetermi questo, nonostante vivessimo dei momenti che non avevo proprio messo in conto. Passavano i mesi e fra un episodio e un altro c'erano anche momenti molto belli di apertura (a piccolissime dosi) dialoghi e anche risate. Questo mi incoraggiava e mi permetteva di acquisire forza e vedere un po' di luce in questo cammino. Ce l'avremmo fatta!

SEGRETO N. 3: non perdere mai la speranza e la determinazione in quello che hai intrapreso. I grandi progetti e i migliori successi sono sempre stati preceduti da molti tentativi andati a vuoto o da sconfitte. Non arrenderti mai e continua a credere nel tuo progetto.

In tutto questo caos avevo anche avuto il tempo di pensare che la nostra casa per bella che fosse non andava più bene. Era troppo distante dal mio lavoro, dai miei genitori, che ci davano sempre un grande aiuto e anche dalla scuola dei bambini. In più c'erano gli sport da combinare e visite varie. Dovevamo cambiare casa.

Dopo venti anni che abitavamo lì, in quella casa che era stata il nostro nido d'amore, in cui era cresciuto Sorin e aveva visto crescere noi e la nostra famiglia, era giunto il momento di voltare pagina. Era una casa importante per me, l'avevo ereditata da mio padre e sapevo quanto a lui fosse sempre piaciuta. Però lui mi diede il benestare, in fondo avevamo trovato la nostra nuova abitazione proprio al piano sopra a quello dei miei.

Il piacere di stare più vicini e il sapere che questo avrebbe anche agevolato la nostra vita ci permisero di fare questo grande passo. E così tanto per renderci ancora più complicata la vita decidemmo di affrontare anche questo evento. Un trasloco non è mai una passeggiata e infatti lo ricordo come un periodo veramente stressante.

Forse anche in questa situazione sentivo dentro me che era qualcosa di più di un cambiamento di abitazione? Mentre facevo scatole non potevo minimamente immaginare che stavo chiudendo un periodo della mia vita giunto al termine. Non riuscivo assolutamente a immaginare che quella casa, oltre ad aver visto l'inizio della mia storia con mio marito, ne avrebbe visto anche la fine. Ancora nessuno lo poteva sapere.

I sei mesi successivi furono belli impegnativi considerando che eravamo a casa dei miei in attesa che ristrutturassero la nostra. Abitudini diverse, adattamento, condivisione e tanto da fare non aiutò neanche i miei figli a stare meglio. Le attenzioni che necessitavano venivano meno da parte mia e di mio marito impegnati a seguire i lavori per la nuova casa per cercare di ridurre al minimo questo disagio.

E in tutta questa confusione anche il rapporto con mio marito era un po' messo da parte. D'altra parte pensavo che fosse un momento di grande tensione per tutti.

Non vedevo l'ora di cominciare la nostra nuova vita a quattro nella nuova casa. Sarebbe stata la svolta per iniziare a stare bene. Quindi, con ancora molte cose da finire nella nuova casa, a metà dicembre decidemmo di trasferirci. Finalmente!

RIEPILOGO DEL CAPITOLO 3:

- SEGRETO n. 1: L'amore non ha limiti, può nascere in qualsiasi contesto e superando ogni ostacolo.
- SEGRETO n. 2: ascolta il tuo bambino, quello dentro di te, quello che eri e accoglilo per la meraviglia che è. Amalo per quello che è: non aspetta altro che poter essere riconosciuto. Dopo potrai comprendere e capire anche tuo figlio.
- SEGRETO n. 3: non perdere mai la speranza e la determinazione verso quello che hai intrapreso. I grandi progetti e i migliori successi sono sempre stati preceduti da molti tentativi andati a vuoto o da sconfitte. Non arrenderti mai e continua a credere nel tuo progetto.

Capitolo 4:
Lo tsunami della mia vita

Ecco come un altro 26 dicembre andava a cambiare la mia vita. Sentivo già nell'aria qualcosa di anomalo, che non avevo mai vissuto: percepivo mio marito da qualche mese un po' distante e questo era molto insolito. Però era anche un periodo particolare quindi mi dicevo che una volta sistemati sarebbe tornato tutto a posto.

Anche lui mi aveva rassicurato quando gliene avevo parlato. Invece quella mattina mi serbava una bella sorpresa. Così come se niente fosse mentre stavamo per andare a pranzo mi confessò che non ce la faceva più a fingere davanti a me: doveva dirmelo. Aveva una relazione con un'altra donna o meglio: ne era innamorato.

Mi sentii letteralmente mancare il terreno sotto i piedi. Dovetti appoggiarmi a un mobile. Cosa mi stava dicendo? Era vero o stavo sognando? Non era possibile. Lui era sempre stato innamorato di me. Mi suonava impossibile che uscisse dalla sua bocca un'affermazione così assurda. Lui innamorato di una che non ero io! Impossibile! Eppure mi stava ripetendo questo.

Facemmo andare i bambini a mangiare dai miei genitori. Volevo capire cosa stava succedendo. Mi doveva delle spiegazioni. Dove ero io mentre succedeva questo? Ma se solo pochi mesi prima avevamo dato inizio al progetto casa e poco prima realizzato il nostro desiderio di avere un altro figlio. Cosa era successo?

Era successo quello che accade a tante coppie. Ma che tu pensi non possa mai riguardarti. Aveva incontrato tramite social una vecchia conoscenza di quando era ragazzino e nonostante la distanza si erano rivisti ed era scoppiato l'incantesimo. Tutto questo in pochissimi mesi.

Continuavo a ripetermi che non poteva essere convinto di questo. La nostra storia lunga più di venti anni come poteva competere con una storiella del genere. Tutto quello che avevamo passato assieme credevo avesse sigillato il nostro amore per sempre.

Invece lui adesso mi faceva credere che si sarebbe potuto dissolvere così facilmente. Non poteva essere vero.

Ma soprattutto come poteva fare questo ai nostri due bambini? Questo pensiero mi faceva sentire un dolore atroce nel mio cuore. Sapevo quanto li amasse e allora come era possibile che potesse arrivare a fare questo? Come poteva fare questo a Sorin un bambino fragile e dolcissimo che amava stare abbracciato a noi all'infinito?

Come poteva fare questo a Glody che era appena arrivato e finalmente aveva il padre tanto desiderato? Come poteva fare questo a me? Più ne parlavamo e più lui sembrava sempre più convinto dei suoi sentimenti. Più io piangevo e lo imploravo di pensare e riflettere su quello che stava affermando e più lui confermava la sua scelta: voleva stare con lei. Non c'era molto da discutere secondo mio marito.

Acconsentì a venire con me da un mediatore familiare. Principalmente per fare a me un favore e non perché pensava che ci fosse da recuperare il rapporto fra noi. Infatti non servì a molto.

Anzi a niente.

La disperazione mi avvolse. Mi stavo rendendo conto che non avevo più influenza su di lui. Non funzionavano più i miei pianti e le mie parole, le mancanze che lui recriminava nei miei confronti e che cercai di attuare per farmi perdonare. Provai di tutto per vedere se avevo qualche speranza. Ma poi capii che niente sarebbe servito a fargli cambiare idea. Lo avevo perso. Lui aveva deciso. Amava un'altra e voleva andare a vivere con lei.

Pensavo quanto fosse avventata una decisione così azzardata, incerta, che metteva a repentaglio la nostra vita e quella dei nostri figli. Anche gli amici e i parenti a cui via via comunicavo la situazione attuale mi confermavano che era una pazzia. Come me non potevano credere che questo potesse succedere a una coppia come la nostra.

Questo mi permetteva di sentirmi nella ragione e anche capita dagli altri ma ciò non alleviava il mio dolore. Era un dolore fortissimo che non avevo mai provato. Mi sentivo sola e abbandonata. Una sensazione che non credevo di poter vivere.

Come potevo andare avanti? Eppure i giorni passavano. Nell'incertezza più assoluta, con un clima surreale e facendo "buon viso a cattiva sorte" specialmente con i bambini ancora ignari di ciò che li aspettava.

Ovviamente per quanto potessi fingere e sforzarmi non era così semplice e naturale far passare inosservati i miei occhi tristi e spesso velati di lacrime. Specialmente a due bambini così sensibili e fragili come i miei figli. Percepivano che c'era qualcosa di anomalo e sentivano la tensione che traspariva man mano che il tempo passava.

Eh sì, eravamo passati a risponderci male e scaricare uno sull'altra le proprie frustrazioni. La mia rabbia usciva fuori. Le discussioni aumentavano a dismisura. La sua indifferenza nei confronti di ciò che stavo vivendo e del vuoto che stava per lasciare in casa e in particolare nella mia vita mi faceva stare malissimo.

Ma come poteva rimanere indifferente o meglio non preoccuparsi più di me? Ero arrabbiata. Mi aveva tradito e non solo andando con un'altra donna. Aveva tradito la mia fiducia nel credere in lui come marito fedele alle promesse che ci avevamo fatti. Nel credere che la nostra famiglia così particolare e così irraggiungibile non fosse più al centro del suo universo. Lasciandomi da sola in questa impresa così grande. Sentivo un peso immenso sopra di me e un vuoto infinito dentro il mio cuore. Era solo l'inizio di tanta sofferenza.

Venne il giorno in cui decidemmo di dirlo ai bambini. Lo dovevamo fare prima o poi. Anche perché non capivano perché il clima in casa fosse così teso e il rapporto fra noi due genitori fosse di continui scontri. Poteva far pensare che fossero loro la causa delle nostre arrabbiature. E questo non lo potevo permettere. Così glielo dicemmo.

Lo ricordo come il giorno più doloroso. Quando Glody disse: "Ma perché proprio a me?" credo di aver sentito uno strappo lacerarmi il cuore. Aveva un miliardo di ragioni. E nessuna risposta che potessi dargli.

Adesso che sono qui a scrivere e a rivivere quei momenti, sento nuovamente le sensazioni provate e le lacrime scendermi sul viso. Non saprei neanche adesso che risposta dargli ma so che niente è a caso. Le nostre anime hanno scelto di fare questa esperienza terrena per evolversi. L'evoluzione avviene attraverso il dolore. Non c'è alternativa. Ma questa riflessione è arrivata dopo. Ne parlerò più avanti.

SEGRETO N. 1: le nostre anime scelgono un percorso terreno per evolversi. Se non provassimo dolore non saremmo spinti a cercare alternative e a scoprire i nostri potenziali d'amore. Affrontare certe sfide, anche molto dolorose, serve proprio a permettere alla nostra anima di fare esperienze di crescita e guarigione.

Intanto il clima familiare era bollente. Lo avevo detto anche ai miei genitori e quindi non c'era più nessun motivo per fingere o per nascondere qualcosa. Eravamo allo sbando più completo. Non c'era più un ordine delle cose da fare.

Alla fine anche i pranzi assieme come mi sognavo di fare finalmente nella nostra nuova casa non erano così assicurati. I momenti di condivisione erano evitati come la peste. Anche se volevo a tutti i costi rispettare un certo equilibrio nell'interesse dei miei figli. Volevo che a loro fosse arrecato il minor danno possibile. Ma sapevo dentro me che non sarebbe stato fattibile.

Sarebbe arrivato il momento in cui il loro padre sarebbe andato via di casa. Ormai sapevo che non lo avrei potuto evitare pertanto incoraggiai mio marito a farlo quanto prima. Pensavo che se dovevo impegnarmi ad affrontare una nuova vita da sola, dura, non desiderata ma a questo punto inevitabile, che cominciasse prima possibile. Non sapevo a cosa andavo incontro ma sapevo che così stavo malissimo e prima cominciavo e prima avrei affrontato il da farsi.

Così dopo solo quattro mesi da quel mattino del 26 dicembre mi ritrovai da sola con i miei due figli ad affrontare l'ennesima sfida. Mai avrei pensato di vivere una tale realtà. Ero finalmente nella nuova casa ma non come mi ero immaginata. Una casa che mi piaceva ma che ancora non aveva trovato una sua identità. Con ancora un bel po' di scatole nel mezzo da aprire e da sistemare. E con nessuna voglia di farlo.

Dentro quelle scatole c'era la mia vita passata, i miei ricordi e aprirle significava constatare con mano che facevano parte ormai di una vita che non mi apparteneva più.

I miei pensieri adesso erano altrove e facevo già fatica a fare le cose indispensabili. Figuriamoci se potevo sprecare energie, che già non avevo, in azioni così titaniche. Avrei voluto solo dormire e non svegliarmi più. Anche se riuscire a dormire tutta la notte non era così scontato. Quando mi svegliavo i pensieri erano tanti e l'angoscia faceva da padrona nel buio e nel silenzio della mia camera.

Ma mi sforzavo. Sapevo che non potevo permettermi di abbandonare la nave, sarebbero affondati tutti i passeggeri e questo non lo volevo. Avevo delle responsabilità, ora più che mai. Solo che non sapevo come avrei fatto. La disperazione era parte di me.

Mi aiutava sapere che avevo i miei genitori che mi davano una mano con i bambini e i miei due angeli custodi/amici (v. capitolo precedente) che giornalmente mi accudivano e ascoltavano i miei lamenti. Mi permettevano di dare sfogo alla mia rabbia, alla mia disperazione e a fare in modo che non cadessi in totale depressione. Il sostegno di amici che sai ti comprendono, di cui hai fiducia è la migliore delle medicine per me. E non potrò ringraziarli mai abbastanza.

Su loro consiglio provai ad andare anche da uno psicologo ma con scarsi risultati. Al momento volevo solo evitare di sentire il dolore che era parte di me. Ma questo non era possibile. Purtroppo nessuno aveva la bacchetta magica. Ho imparato successivamente che non possiamo evitare le cose che devono accadere e tanto meno non possiamo evitare di vivere il dolore. È normale voler fuggirne ma opporvi resistenza è inutile. Permettere al dolore di esserci e sentirlo dentro di te poi ti consente di distaccarti piano piano da questo.

SEGRETO N. 2: Ciò a cui fai resistenza persiste. Vivi la tua emozione per quella che è. Vedrai che poi diminuisce d'intensità.

Figuriamoci se la persona che ero allora poteva capire o sapere tutto ciò. Il mio pensiero era: come potevo evitare di star male?

Vivevo alla giornata. Non avevo idea di come potevo affrontare la nuova situazione. Ritrovarsi da sola con due figli dall'oggi al domani. Non potevo soffermarmi a pensare, mi sentivo schiacciata. Dovevo occuparmi di troppe cose e pure sostenermi.

Ad aggravare la situazione era arrivata anche la cassa integrazione di mio marito. Ero in una centrifuga. Non potevo sottovalutare il problema economico, pagare il mutuo, affrontare le spese, gestire i bambini e tutto questo da sola. Perché dovevo vivere tutto questo? Come poteva mio marito vivere la sua storia d'amore mentre io ero nella disperazione più completa. Non era giusto. Come era potuto accadere ciò? Dove avevamo sbagliato?

Avevamo creduto fermamente nella nostra famiglia. Ne ero certa, non ero stata la sola a volerlo. L'abbiamo creata con tutte le nostre forze. Ora però mi chiedevo cos'era andato storto. È vero che la nostra forza, determinazione e convinzione erano state messe a dura prova. Avevamo affrontato situazioni che non credevamo possibili, ma che insieme pensavo di poter superare.

Mio marito aveva gettato la spugna. Io invece ero qua. Se ce l'avevo fatta io poteva anche lui. Allora cosa c'era stato che aveva fatto finire la nostra storia. Quanto era anche colpa mia?

Mentre ero piena di rabbia e piangevo pensando a come riuscire a sopravvivere non credevo certamente di averne. Più avanti ho capito che noi siamo artefici del nostro destino e quindi anche se apparentemente poteva sembrare mio marito colui che aveva innescato il tutto, in realtà la mia parte inconscia ha contribuito a fare in modo che giungessi a porre fine a una situazione che non mi portava più benessere. Che se le cose erano andate così io ne ero pienamente responsabile.

SEGRETO N. 3: noi siamo responsabili della nostra vita. Quello che ci accade è quanto attiriamo inconsciamente per fare le esperienze necessarie per la nostra evoluzione.

Mi ricordo che mentre piangevo disperata sentivo dentro me una vocina che mi diceva che questa era un'altra occasione in serbo per me. Non so da dove provenisse una tale certezza visto che non mi era rimasto più niente in cui credere.

Ma sapevo che non era vero, potevo ancora credere in qualcosa. Avevo due meravigliosi bambini che amavo tantissimo e che non avevano nessuna colpa di tutto questo. Anzi quello che gli stavamo facendo vivere era un'ennesima sofferenza, un altro abbandono, un'altra delusione da parte di adulti.

Che ingiustizia, che tristezza. Nessun bambino dovrebbe subire abbandoni ma pensare che i miei figli ne stavano facendo il bis mi faceva stare ancora peggio. Non potevo deluderli proprio io! La loro mamma che aveva fatto di tutto per averli. Avrei fatto qualunque cosa per loro, io c'ero e ce l'avrei messa tutta!

Solo che non era per niente facile gestire la mia tristezza, il mio dolore e occuparmi di loro. Non avevo sufficiente energia, mi sentivo uno straccio. Oltretutto anche loro stavano vivendo un brutto momento e cominciavano a dare segni di sofferenza. Vedere la mamma triste non li aiutava certamente.

Credo di aver rimosso parte di quei giorni e di tanti momenti di quel periodo anche se per alcuni è impossibile. Sorin sentiva tantissimo la mancanza del padre e continuava a chiedermi di tornare nella nostra vecchia casa. Come dargli torto? Lì stavamo bene e tornare indietro a quel periodo era come ritornare tutti insieme. Aveva pienamente ragione. La nuova casa aveva trasformato e sgretolato tutte le sue certezze. E per un bambino come lui sono essenziali.

Valevano poco le mie parole per cercare di convincerlo che in questa nuova abitazione saremmo stati meglio, più vicini ai nonni e alla scuola e che a me piaceva molto. Probabilmente non ero neanche molto convincente visto il mio stato d'animo. I suoi comportamenti stavano cambiando e non certo in meglio.

I progressi che aveva fatto in tutti questi anni sembravano in parte tornare indietro. Ed io non avevo più la forza e la concentrazione per seguirlo come facevo fino a poco tempo prima. Avevo allentato la guardia. Anche in questa occasione potevo contare su quelle persone che lo seguivano già da tempo e di cui mi fidavo.

Il periodo coincise anche con la fine della scuola elementare e l'inizio delle medie. Altri cambiamenti in vista che non potevano certo essere di aiuto per Sorin. Valutai un bel po' di scuole per assicurarmi di trovarne una valida che potesse venir incontro alle esigenze di mio figlio. Non fu per niente semplice ma alla fine mi sembrava di aver fatto una buona scelta. Invece non si rivelò per niente valida.

Sorin non fu accolto come pensavo e i problemi cominciarono a venire a galla. La gestione non era per niente facile ed io ero arrabbiatissima. Ce l'avevo con il mondo intero che non comprendeva i miei disagi e quelli di mio figlio. Ero una guerriera che combatteva con tutte le sue forze per far valere i diritti di suo figlio. Posso dire che questa grinta mi ha permesso di non abbattermi, ma quanta fatica consumata per combattere contro i mulini a vento!

Purtroppo la preside della scuola non accettò di buon grado i problemi di Sorin pertanto ci fu subito scontro. Non volli far cambiare scuola a mio figlio perché pensavo che sarebbe stato un altro grosso scoglio per lui da superare ma sarebbe stata una scelta più azzeccata. Non furono tre anni facili.

Fra tutti questi cambiamenti non poteva mancare neanche la

nuova modalità per vedere il padre. Dopo un po' di assestamento e di discussioni acconsentii che vedessero il loro padre nella nuova casa assieme alla sua compagna. Anche se non ero molto d'accordo. In fondo mi sembrava presto far vedere una nuova persona accanto al padre. Ma era anche giusto che lo frequentassero e se questa era l'unica maniera a detta di mio marito, accettai.

Ovviamente per Sorin fu difficile comprendere e accettare che per vedere il padre doveva rinunciare a stare con me. Per lui così attaccato alla sua amatissima mamma era un sacrificio enorme. E per me vederlo andar via insieme al fratello ogni volta anche solo per due giorni era uno strazio lacerante.

Nei miei programmi di mamma ideale non era previsto che dovessi staccarmi dai miei figli ancora piccoli. Da un figlio legatissimo a me e dall'altro appena arrivato. Non è così che avrei voluto fare la mamma. Ora avrei avuto meno disponibilità e meno serenità per dedicarmi a loro. Ma come era possibile immaginare che mi era stata data l'opportunità di avere due figli così speciali per poi non permettermi di fare la loro mamma nella maniera più adeguata? Non c'erano risposte neanche questa volta alle mie domande.

Avevo ancora da creare un legame importante con Glody e non ne avevo avuto ancora il tempo. Non era per niente facile farsi accettare come mamma. Aveva dimostrato ormai di prediligere la compagnia e i discorsi maschili. Probabilmente dovuto anche dalla propria cultura. E forse anche dal suo vissuto e dalle esperienze fatte nei suoi otto anni. Comprensibile certo. Difficile da accettare per me.

Ero il parafulmine per ogni cosa accadesse. Quindi anche l'allontanamento del padre era imputabile a me. Considerando che non avevo a mio vantaggio nessun'altra esperienza di vita vissuta assieme si cominciava il rapporto non proprio nel migliore dei modi.

Capivo il suo atteggiamento e comprendevo il suo stato d'animo, provavo tenerezza e tanto amore per questo mio bambino ribelle che in parte mi somigliava, solo che affrontare certe dinamiche quotidiane era una grossa e faticosa impresa. Partivo già svantaggiata. Adesso da sola era ancora più complesso.

Mi trovavo ad affrontare vere e proprie battaglie e scontri fisici dai quali uscivo sfinita e senza forze. Non ero in grado di contrastare la sua forza fisica dettata dalla tanta rabbia accumulata. Era un bambino con un'energia da adulto. Ed io mi sentivo invece una donna privata di tutta la forza che mi aveva contraddistinto fino ad allora. Sembrava una lotta impari. Anche perché io non volevo combattere, tantomeno con mio figlio. Quindi cercavo continuamente di parlargli, spiegargli quello che potevo e pensavo fosse importante.

Alcune regole andavano rispettate. Poche ma essenziali. Di più non sarebbe stato possibile, era già complesso così. Nonostante ciò non era semplice.

In queste situazioni a volte molto esplosive venivano coinvolti anche i miei genitori che adesso si sentivano giustamente di darmi una mano. Un'impresa molto ardua anche per loro che non avevano mai avuto nella loro vita di genitori problemi di questa portata. Per me era un sostegno bello importante, avere altre figure adulte in mio aiuto. È anche vero che avevamo a volte vedute diverse che spesso facevano vacillare quella mia poca certezza di intraprendere quello che sentivo dentro di me essere il metodo migliore.

Non mi accontentavo ovviamente di sole sensazioni ma cercavo di informarmi tramite libri, specialisti del settore e presso chiunque credevo potesse aiutarmi. Devo dire con molte difficoltà e con tempi molto lunghi.

Ma sentivo dentro di me di mettercela tutta. Ho sempre creduto nei miei figli, nelle loro grandi potenzialità. Sentivo che certi atteggiamenti erano dettati principalmente da mancanza d'amore negli anni più importanti della loro vita. Questo mi permetteva spesso di mettere da parte certe reazioni che molte volte ci vengono istintive quando sentiamo di non ricevere le risposte che noi riteniamo giuste. Inizialmente lo facevo un po' perché lo sentivo dentro il mio cuore poi però quando ho iniziato a intraprendere un mio percorso di crescita ho approfondito e capito meglio. Lo affronterò più avanti.

Tutto questo ovviamente mi teneva molto impegnata non c'è che dire. Occuparmi dei miei figli era la cosa principale, poi c'era il lavoro che mi permetteva di uscire dalle mura domestiche e poi? Il vuoto. Dentro di me sentivo un vuoto, una solitudine mai sentita prima. Solo il pensiero di trovarmi da sola la sera a casa con i miei figli senza la presenza di mio marito era un incubo.

Quando poi i bambini andavano il fine settimana dal padre, rimanevo completamente abbandonata alla mia totale solitudine. Una parte di me desiderava allentare il carico di responsabilità e abbandonarmi al relax. L'altra parte di me era terrorizzata quando si trovava realmente a far fronte al senso di silenzio tombale fuori e dentro il mio cuore.

Sentivo di non riuscire a sopportare questo dolore da sola, nel silenzio della mia casa. Dovevo trovare a tutti i costi un modo per tappare il buco che sentivo dentro di me. Non sapevo che avrei potuto mettere chissà quante cose in quel buco senza arrivare mai a colmarlo. Non lo sapevo in quel periodo e quindi facevo di tutto pur di non soffermarmi ad affrontare realmente la solitudine.

RIEPILOGO DEL CAPITOLO 4:

- SEGRETO n. 1: le nostre anime scelgono un percorso terreno per evolversi. Se non provassimo dolore non saremmo spinti a cercare alternative e a scoprire i nostri potenziali d'amore. Affrontare certe sfide, anche molto dolorose, serve proprio per permettere alla nostra anima di fare esperienze di crescita e guarigione.
- SEGRETO n. 2: Ciò a cui fai resistenza persiste. Vivi la tua emozione per quella che è. Vedrai che poi diminuisce d'intensità.
- SEGRETO n. 3: noi siamo responsabili della nostra vita. Quello che ci accade è quanto attiriamo inconsciamente per fare le esperienze necessarie per la nostra evoluzione.

Capitolo 5:
Il processo di rinascita

Avevo preso ad andare dopo tanto tempo in palestra. Non certo per mantenermi in forma o per dimagrire. Avevo già perso un bel po' di chili da quando mi era passata la fame e si era chiuso lo stomaco. Lo facevo principalmente per scaricare la tanta rabbia e per trovare dei momenti in cui la mente si distraeva e non mi ricordava la mia attuale situazione.

Poteva sembrare agli occhi dei miei genitori che non mi stessi preoccupando dei mille problemi che mi erano piombati addosso e che fossi irresponsabile. Dovetti spiegargli che non era principalmente un divertimento ma piuttosto una specie di terapia che mi poteva aiutare. Certo richiedeva la loro collaborazione in quanto avrebbero dovuto occuparsi nel frattempo dei miei figli.

Capivo quanto fossero preoccupati nel ritrovarsi ad avere una figlia con tali problematiche. Oltre tutto anche loro stavano vivendo un momento di sofferenza. Avevano sempre considerato mio marito come un figlio e anche per loro era una delusione e comunque un abbandono. Un contesto che sicuramente non avevano messo in conto e che li metteva in ansia. Ormai sentivano di aver sistemato le proprie figlie e quindi una tale notizia giungeva a scombussolare anche la loro tranquillità. Tanto che mio padre un giorno mi disse: "Hai due figli di cui occuparti cos'altro vuoi fare ormai alla tua età se non dedicarti completamente a loro?".

Certo che mi sarei dedicata ai miei figli. Ero convinta di questo. Come ero convinta che per dedicarmi a loro al meglio avrei avuto bisogno di pensare anche e soprattutto a me. Non mi sentivo per niente "fuori uso". Avevo da capire come, quando e con quali mezzi riuscirci. Ma l'idea di arrendermi non era fra i miei pensieri. Sentivo di stare male ma con tanta voglia di riscattarmi. Una mamma depressa non poteva far bene a dei figli. Per non cadere in depressione dovevo fare qualcosa che mi distogliesse dai problemi quotidiani. La palestra era un buon diversivo ma non era sufficiente.

Quando mi ritrovavo da sola ogni quindici giorni nel fine settimana dovevo occupare il tempo e trovare qualcosa da fare. Ovviamente non avevo voglia di uscire con le amiche sposate e parlare di come stavo. Non mi aiutava. Volevo distrarmi a tutti i costi dal dolore che sentivo.

Cominciai su consiglio di un'amica a iscrivermi a una chat d'incontri. Ne avevo sentito parlare ma mi sembrava una cosa poco seria e anche rischiosa. Chissà che poteva succedere? In realtà niente se non che mi permetteva di comunicare con persone che come me si trovavano ad affrontare la solitudine in un'era per fortuna tecnologica.

C'è sempre una forma di mistero e di tabù nel parlarne e anch'io posso confessare di aver avuto difficoltà adesso a renderlo pubblico. Ma credo che poi la maggior parte delle persone single abbia avuto modo di entrarvi in contatto anche solo per curiosare.

La paura del giudizio, da parte delle persone che conosciamo principalmente, è una dinamica comune a tutti. Ho voluto affrontare l'argomento proprio per vincere le mie resistenze e sperare che possa essere spunto di riflessione a chi mi legge.

SEGRETO n. 1: Vincere la paura del giudizio, non sentirsi giudicati ma liberi da condizionamenti sociali, familiari è un buon inizio per la propria autostima e la propria crescita.

Ne parlo adesso come cosa semplice ma dentro di me era una lotta continua. La mia parte combattiva si faceva forza e mi permetteva di trovare quel briciolo di energia per fare, uscire e creare situazioni di apparente divertimento. L'altra parte se ne sarebbe stata chiusa in casa a piangere e disperarsi all'infinito.

Poi per fortuna come si dice in questi casi, il tempo aiuta. Così piano piano vinceva sempre più spesso la parte combattiva. E mi ingegnavo a trovare qualcosa da fare ogni volta che si presentava un'occasione in cui sarei rimasta da sola, senza i figli.

Così ho scoperto che esistono delle agenzie di viaggio per single. Ho scoperto che potevo intraprendere un viaggio in auto anche da sola (che invenzione fantastica il navigatore!). Trovare tante persone come me che decidono di reagire alla vita e fare nuove amicizie. Scoprire o riscoprire lati di me messi da parte, hobby e sport rispolverati o nuovi. Cominciare a capire che non sei sola a vivere la condizione di mamma single e poter fare molte cose con i tuoi figli e nuovi amici allo stesso tempo.

A proposito di questo sento il piacere di dare merito ed esprimere grande ammirazione verso una mamma molto in gamba che ha creato una bella sinergia fra genitori single. In seguito alla sua separazione si è trovata a gestire i due figli da sola come succede spesso e le è venuta la brillante idea di creare il primo social network dedicato ai Gen-itori Sin-Gle (da cui ricavato il nome del gruppo: Gengle) per permettere di condividere le stesse necessità e aiutarsi. Ritrovarsi assieme per cominciare a trovare piacere nel fare cose non più da soli ma in compagnia di genitori e figli che stanno facendo la tua stessa esperienza.

È stato per me un grande punto di riferimento sapere che esisteva questo bel gruppo di persone. Nonostante la mia realtà di genitore si differenziava da tutti gli altri e quindi sentivo spesso di avere ulteriori difficoltà che non potevo condividere. Per me partecipare ad eventi come andare al cinema o a mangiare una pizza non sempre era cosa semplice da attuare con i miei figli. A parte ciò non sentivo più il vuoto intorno a me. Cominciava a diminuire il senso di solitudine esterno.

Peccato che ancora dentro di me c'era il deserto assoluto. La ricerca disperata di cose esterne per pensare di colmare la voragine che senti dentro di te può non finire mai. Ti allieta per quei momenti poi però devi fare i conti con te stesso.

SEGRETO N. 2: il buco che senti dentro, l'incapacità di stare in silenzio da soli in ascolto di sé stessi, sono segnali di malessere. Riempire questo buco e questo vuoto con cose esterne non è la soluzione.

Questa mia nuova vita fatta di molti impegni, problemi e gestione dei figli non mi permetteva come un tempo di fare tanti programmi a lungo termine. Vivevo ogni giorno come una conquista. Ce l'avevo fatta.

E con questa nuova modalità non pensavo troppo neanche a come affrontare i tanti problemi. Non ci riuscivo, mi sentivo soccombere. Mi dicevo che un po' per volta avrei trovato un modo. Vedere piano piano che questo modo era non solo l'unico che riuscivo a intraprendere ma anche un buon metodo che cominciava a funzionare, fu incoraggiante. Senza saperlo andavo affrontando la vita ogni giorno vivendo nel momento presente, cogliendo quello che l'universo mi presentava ogni volta.

SEGRETO N. 3: stare nel qui ed ora, cogliere il presente senza pensare a quello che è stato e senza ansia pensando al futuro. Così dai immenso potere all'adesso e cogli ciò che l'universo ha in serbo per te, che altrimenti non riusciresti a vedere perché distratto.

È così che ho cominciato a conoscere persone che mi hanno permesso di apprendere cose di cui non sapevo l'esistenza ma che sentivo suscitare in me una grande attrazione. Mi piace ricordare questo episodio significativo e che mi ha permesso di conoscere quella che adesso è una mia carissima amica: Alessandra.

In occasione di una festività in cui ero sola, avevo deciso di partecipare a una vacanza di tre giorni con un'agenzia di viaggio per single. Non era la prima volta e quindi ero più serena e aperta ad affrontare questa piacevole esperienza. Furono giorni divertenti e come succede in queste occasioni hai modo di conoscere un sacco di nuove persone. Fra queste anche una ragazza (Alessandra) che come me veniva da Firenze.

In quei giorni non avemmo modo di approfondire la conoscenza, in fondo eravamo in molti e non sempre puoi relazionarti con tutti. Però al momento di partire per fare ritorno a casa e salutare tutti, Alessandra mi chiese se potevo darle un passaggio fino a Firenze nonostante avesse già un biglietto del treno. Preferiva venire con me e stare in compagnia. Anche per me era sicuramente un piacere quindi decidemmo di affrontare il viaggio insieme.

Racconto questo perché quelle ore passate insieme hanno cambiato la mia vita. Avemmo modo di parlare di molti argomenti e raccontarci il nostro vissuto. Fu così che venni rapita da quello che mi stava rivelando. Un percorso alla scoperta di se stessi e del proprio passato che stava facendo lei e che già le aveva permesso di tranne dei benefici.

Avevo già cominciato un po' da sola a documentarmi su internet e letto alcuni libri su varie tematiche. Sentivo sempre dentro di me la voglia di crescere, conoscere nuove cose ed ero spesso alla ricerca di qualcosa che mi aiutasse. Quando sentii ciò che mi stava dicendo, il mio cuore cominciò a percepire che quella poteva essere una strada percorribile. Mi sentivo trascinare e affascinare da ciò sentivo.

È così che ho iniziato a capire che avrei avuto necessità di affrontare la mia vita, quello che mi era successo fino ad adesso, con comprensione, consapevolezza e amore verso me stessa. Che da sola non era possibile e che mi sarei dovuta affidare a qualcuno che era passato prima di me dalla sofferenza e con degli strumenti che già sentivo nelle mie corde.

Ho conosciuto così Silvia Pallini (operatrice olistica di "latuavitapienamente") che mi ha portato pian piano ad affrontare e tirare fuori tanti vissuti e circostanze della mia vita che non credevo neanche di ricordare.

Ho capito e affrontato la mia rabbia. La rabbia che mi ha

contraddistinto da sempre. Che mi ha permesso per buona parte della mia vita di combattere e andare avanti. Alla quale posso anche dire grazie. Grazie a lei sono riuscita ad ottenere molte cose. Ma con una tale fatica! Ho scoperto che la rabbia nasconde altri sentimenti come il dolore, la tristezza e la paura.

SEGRETO N. 4: È necessario diventare consapevoli che la rabbia che proviamo e che può essere necessaria per darci energia e spinta ad agire è un sentimento che ne nasconde altri come il dolore, la tristezza e la paura.

Ho scoperto così che si può ottenere tante belle cose dalla vita lottando molto meno e senza tutta quella rabbia. Come? Soffermandomi a capire che ciò che nascondeva questa rabbia era tanto ma tanto dolore dentro di me. La paura di affrontarlo era più grande della fatica a vivere in una lotta continua.

Provavo rabbia dalle piccole ingiustizie di tutti i giorni a cose ben più grandi che mi erano accadute. Perché avevo dovuto fare queste esperienze? Non certo perché meritavo questo. Ma ero così sicura di non meritarle? Forse inconsciamente mi sentivo sbagliata e non degna di ricevere amore. L'adulto che ero diventata era veramente cresciuto o dentro c'era sempre la bambina che reclamava qualcosa che le era mancato? Come era possibile questo? Mi ricordavo perfettamente di aver avuto un'infanzia felice, con dei meravigliosi genitori che mi avevano sempre voluto bene e una famiglia unita.

Eppure piano piano constatavo e sentivo venir fuori questa piccola indifesa bambina, sentivo il dolore che poteva aver provato in tante situazioni che non credevo possibile. Come era possibile?

I genitori fanno per i propri figli tutto quanto è nelle loro possibilità e con le migliori intenzioni e con tutto l'amore di questo mondo, secondo quanto è stato loro insegnato e magari facendo anche di più di quello che hanno ricevuto loro da piccoli. Ma tutto questo non sempre è sufficiente per soddisfare a pieno le esigenze e le richieste di un bambino piccolo, nella sua unicità. Un bambino che si porta dentro nel proprio DNA, nel proprio sistema familiare tutta una serie di accadimenti che inevitabilmente hanno un peso non indifferente nella realizzazione del proprio sé.

Noi siamo un concentrato di cellule che si portano nella propria memoria le vite dei nostri antenati. Siamo una parte dei nostri genitori, dei nostri nonni e così via. Facendo delle regressioni ho potuto comprendere mia mamma e ancor prima mia nonna.

Così facendo ho capito me, le mie esperienze di quando ero piccola, e lasciato andare via via la collera provata fino ad ora. Ho capito che io e il mio vissuto siamo il frutto di tutte le donne della mia famiglia e non solo. Questa citazione postata da una cara amica su Facebook e da me letta proprio dopo che avevo scritto queste righe non è un caso e quindi mi piace riportarla qua:

"Una donna prende forza attraverso la forza di tutte le donne che sono venute prima di lei, sua madre, sua nonna, la sua bisnonna e oltre. Scopre la sua bellezza quando riconosce questa potente forza femminile dietro di lei e dentro di lei".

Un percorso a ritroso che coinvolge tutto il sistema familiare e quindi mi piace soffermare a raccontare un episodio importante che è riaffiorato in me e coinvolge la parte paterna: all'età di quattro anni ho avuto un incidente d'auto.

Praticamente un'automobile mi ha investita e io sono passata sotto da una parte all'altra praticamente illesa. Solo alcune escoriazioni per fortuna, ma ho dovuto passare due giorni in ospedale. Ho dei ricordi vaghi di quei momenti ma una cosa molto importante è rimasta indelebile sulla mia pelle.

Ho sempre avuto un debole per mio padre e in quell'occasione averlo al mio fianco mi avrebbe dato tanta sicurezza. Purtroppo (parlo di quasi cinquant'anni fa) nel reparto donne dell'ospedale in cui mi portarono, non permisero a mio padre di entrare poiché era con il costume da bagno (eravamo in vacanza al mare).

Ho potuto far riemergere il ricordo di quel pianto ininterrotto di quella bambina che voleva semplicemente il suo amato babbo. Non ero sola e non mi avevano abbandonato. Io sentivo questa necessità. È un piccolo episodio all'apparenza insignificante, che non incolpa nessuno. È un vuoto che ho sentito e che ancora ricordo. Se fosse stato insignificante probabilmente non mi avrebbe toccato ancora oggi le corde. Un vuoto che è continuato a rimanere per molto tempo.

Sicuramente a questo si sono aggiunte altre situazioni che hanno confermato questa sensazione. Fino a quando ho conosciuto mio marito che mi ha sommersa d'amore. Mi sembrava finalmente di non sentire più questa assenza, mi pareva di stare bene, mi sentivo amata e al sicuro. Avevo riempito quel vuoto.

Ma se quel senso di vuoto lo facciamo colmare da altri poi dipendiamo da questi. E se queste persone un giorno decidono di non voler più essere dei "tappi"? Ci ritroviamo nuovamente soli con un senso di solitudine ancora più profondo. È così che mi sono sentita per molto tempo dopo che mio marito mi ha lasciato. È riaffiorata nuovamente quella sensazione che credevo aver superato, pensando che essere amata dal mio compagno fosse sufficiente. Avevo messo a tacere quella vocina dentro di me che chiedeva di essere ascoltata, di darle spazio e attenzione.

Ma l'universo ti viene in aiuto quando non stai andando nella direzione più giusta per la tua realizzazione. E se non cogli i segnali che ogni volta ti invia prima o poi te lo fa capire in maniera più esplicita. Sono convinta di questo e so che la separazione da mio marito è sicuramente stata provvidenziale per la mia crescita.

Quindi come è possibile guarire da tutto questo? Semplicemente rendersi conto che ciò che è stato, ciò che è accaduto non è colpa di nessuno, né dei tuoi genitori, di tuo marito e tanto meno di te.

Hai bisogno di sentire quelle emozioni che hai represso quando eri piccola perché non potevi permetterti di affrontare così tanto dolore ma che oggi puoi sostenere perché sei in grado di accogliere quella bambina che eri. È arrivato il momento di amarti per quello che sei veramente. Con i tuoi difetti, le tue paure e le tue imperfezioni.

Così pian piano ho affrontato questo percorso che mi ha permesso di capire tante cose, di prendere consapevolezza di me.

SEGRETO N. 5: prendere consapevolezza di sé, dei propri difetti, imperfezioni e paure permette di amare sé stessi per la

meraviglia che siamo.

Ci sono stati vari processi in questa crescita e mi piace sottolinearne uno molto importante. Stavo già meglio soltanto sentivo ancora tanta rabbia nei confronti di mio marito che mi aveva lasciato e aveva tradito la mia fiducia. Mi fu consigliato a proposito, di leggere un libro che devo dire per me ha fatto la differenza.

Si tratta di "Anime coraggiose. Come scegliamo le nostre vite già prima di nascere" di Robert Schwartz. Già il titolo è significativo. E se veramente le nostre anime decidessero di comune accordo di fare un percorso di vita terrena assieme proprio per evolversi? Mettendosi d'accordo fin da subito sui ruoli di ognuno da interpretare, consapevoli entrambi di quanto dover affrontare? Se così fosse, che colpa può avere l'altro se effettivamente si è "prestato" a fare a noi questo "favore" per far crescere la nostra anima?

Questa considerazione dell'Autore e i racconti che scrive all'interno del libro di persone che hanno fatto esperienze dolorose e che hanno trovato la pace interiore, mi fece riflettere molto.

Vero? Non vero? Chi può saperlo. Non mi sono voluta soffermare su questo. Se crederci mi fa stare meglio perché no? Ho solo da guadagnare. Al contrario posso rimanere con la convinzione che l'altro mi ha fatto un torto e mi sento vittima. È una scelta. E io ho scelto di stare meglio.

SEGRETO N. 6: se la mia anima ha programmato di fare una determinata esperienza di vita terrena per una crescita spirituale, assieme e d'accordo ad altre anime, non ho motivo di essere arrabbiato con l'altro. Neanche di dare la colpa agli altri di ciò che sto vivendo.

Queste nuove scoperte mi piacevano, mi permettevano di vedere le persone, il mondo in modo diverso. Anch'io cominciavo a percepire una nuova versione di me. Ancora confusa, un po' meno sola ma sempre alla ricerca di qualcos'altro che non avevo, anche se più serena e aperta a ciò che il mondo mi poneva davanti. Sempre disponibile a fare nuove esperienze per scoprire altre opportunità.

Fu così che un giorno ebbi occasione di fare ancora una volta un incontro molto importante per la mia vita. Mentre ero con mio figlio Sorin a riprendere le bici parcheggiate mi sento rivolgere la parola da una bellissima donna che avevo incrociato poche ore prima in occasione di un evento a cui avevamo partecipato.

Avevo notato la sua presenza e il suo carisma nonostante non avessi avuto modo di scambiare alcuna parola. Il destino voleva farci incontrare e quindi le nostre bici furono l'occasione per permettere a me di conoscere quella che sarebbe diventata la mia coach.

Con tutte le incertezze e le paure che ogni volta affrontavo nell'intraprendere nuove strade, sentivo al contrario che se non avessi tirato fuori il coraggio di azzardare, di vincere le mie resistenze, poi mi sarei pentita. Così cominciai a frequentare un importante corso di formazione personale proprio grazie all'incontro con Nadia.

Mi piaceva l'idea di conoscere e incontrare nuove persone che come me avevano voglia di utilizzare il proprio tempo nell'intento di crescere e migliorare se stessi. Credo che ci sia sempre da imparare a qualsiasi età e che non si finisca mai di colmare le proprie conoscenze. Oltretutto se vuoi cambiare qualcosa devi essere disposto a fare cose nuove e diverse.

SEGRETO N. 7: se vuoi cambiare qualcosa nella tua vita devi essere disposto a fare cose nuove altrimenti ottieni sempre i soliti risultati.

Anche in questo caso seguire il proprio cuore, le proprie sensazioni mi aveva ripagato. Stavo apprendendo nuove metodologie per vivere meglio con me stessa e migliorare il rapporto con gli altri.

Mi sembrava bellissimo e sentire di molti che avevano raggiunto i propri obiettivi ed erano soddisfatti mi incoraggiava a metterci tutto l'impegno. Come spesso succede credi sempre di non poter essere tu a meritarti così tanto successo, però mi impegnavo a fare e ascoltare quello che comunque mi stava piacendo.

Cosa molto importante e più complessa era mettere in pratica quello che stavo apprendendo. Le occasioni in cui avrei potuto esercitarmi non mancavano. Il rapporto con i miei figli era ogni giorno messo alla prova, per non parlare addirittura dei continui colloqui con mio marito per niente sereni.

Ad aggiungere preoccupazioni maggiori era arrivata anche la notizia inaspettata, attesa da tempo, del trasferimento di residenza di mio marito. Andava ad abitare con la sua compagna a circa cinquecento chilometri dai suoi figli. Come pensava di vederli o quantomeno di occuparsi di loro e della loro crescita se non poteva trascorrerci sufficiente tempo? Lasciava a me ogni responsabilità oltre al grande impegno.

Non la presi molto bene come è immaginabile. Cosa potevo fare anche questa volta se non accettare quello che la vita mi poneva di fronte? La differenza sta nella modalità di accettazione: essere arrabbiata per quello che ti succede o prendere atto che la situazione è questa e trovare una soluzione.

La soluzione che desideravo era che trovasse un'alternativa per rimanere vicino a noi e in questo caso non dipendeva da me: non riuscivo a fargli cambiare idea, aveva già deciso. Quindi cosa potevo fare io? Iniziai a capire che accusare l'altro non portava buoni frutti. Se gli esponevo i miei disagi, i miei bisogni e le mie preoccupazioni mi ascoltava e mi capiva.

Non potevo cambiare gli eventi ma potevo cambiare il modo di affrontarli. Una buona comunicazione poteva fare la differenza. È alla base di ogni buon rapporto. Comunicare all'altro i propri bisogni, i propri sentimenti senza accuse pone l'altra persona disponibile al dialogo. Al contrario il nostro interlocutore si sente accusato, non accettato e creiamo chiusura.

SEGRETO N. 8: una comunicazione efficace, quando ci sentiamo non capiti, consiste nell'esprimere all'altro il proprio disagio e il bisogno che sentiamo. Così facendo l'altra persona, non sentendosi accusata, si rende disponibile al dialogo.

Ho così abbattuto quella barriera che ci eravamo costruiti ognuno per difenderci dall'altro. Mettendo da parte il giudizio verso l'altro e concentrandomi solo su quello che sentivo io, trasmettendo i miei sentimenti e sensazioni di disagio ho sentito che mi sentivo meglio e aprivo un canale verso un dialogo costruttivo.

Ho percepito anche l'altro come me, con le sue difficoltà, paure e disagi. Ho cominciato a vedere l'altra persona: il marito, i genitori, i figli e a seguire tutte le persone, non come nemici da cui difendermi o da cui farmi accettare, ma come individui simili a me che hanno bisogno di essere capiti e amati.

Quando arrivi a sentire questo, come per magia trasmetti apertura e disponibilità verso gli altri. Energia che fluisce verso il bene di ognuno. Io posso dire di averlo constatato direttamente con le persone a me più care.

Come il rapporto con la mia mamma sia nel tempo migliorato decisamente tanto che adesso sento la sua complicità e la fiducia che nutre in me. Dopo molto tempo siamo riuscite ad abbracciarci ed è stato un piacere sentirsi accolte nelle sue braccia anche se ormai non sono più la bambina che ero. Adesso sono l'adulto che ha smesso di litigare con la propria sorella e compreso che possiamo avere un rapporto sereno anche se rimarremo diverse l'una d'altra come il sole e la luna, il giorno e la notte e il bianco e il nero.

Con i miei figli, diventati adesso adolescenti, è un continuo e quotidiano esercizio. Le crisi di rabbia di Glody, che spesso scaturivano con veemenza, adesso hanno fatto spazio a momenti di apertura e chiacchiere costruttive per entrambi.

Sentir pronunciare la parola "mamma" quando si rivolge a me è ancora un evento raro. Le pochissime volte che sento questo bellissimo suono uscire dalla sua bocca è una dolce melodia per me e carica positiva per la mia anima. Sono piccole cose conquistate nel tempo e non proprio scontate come si potrebbe pensare.

Anche vedere che si sta fidando sempre più di me è un grande incoraggiamento ad andare avanti su questa strada: tortuosa, incerta ma sicuramente con una destinazione meravigliosa.

Nel mio bambino ribelle rivedo quella bambina che avrei voluto essere io e che ho spesso sopito. Ed è forse per questo che rispetto il suo modo stravagante e a volte fuori dall'ordinario di affrontare la vita.

Il mio desiderio sarebbe che tutti i bambini potessero esprimersi per la meraviglia che sono con i loro tempi e le loro peculiarità. Per quanto possibile cerco di rispettare il loro modo di essere senza imporgli troppe regole. Credo che lasciarli liberi anche di poter sbagliare e fare le proprie esperienze gli permette di crescere e maturare per la loro unicità.

Questo non vuol dire che sono trattata in modo migliore di altre mamme in questo periodo così difficile che è l'età adolescenziale. Le loro non risposte al mio saluto e frasi che non rientrano in un vocabolario di buona educazione sono spesso all'ordine del giorno. Ma so che è normale in questa fase e non gli do eccessiva importanza.

Approfitto quando vedo apertura e disponibilità al dialogo per insegnargli i valori che ritengo importanti per affrontare le esperienze di vita a cui vanno incontro. Non sempre è semplice e facile da attuare.

I bambini e i ragazzi apprendono molto di più dall'esempio e quindi cerco principalmente di raccontare e far vedere quello che faccio per instillare in loro la consapevolezza che qualsiasi cosa facciano la fanno per loro stessi e che le scelte dettate dal cuore sono le migliori. Spero di essere un buon esempio per loro.

Con l'altro mio figlio la situazione è un po' più complicata: sente ancora tanto la mancanza del padre e purtroppo non posso fare molto a proposito. Inoltre le sue modalità di comunicazione sono ancora limitate e quindi non riesce a esprimere totalmente i suoi sentimenti. Per questo motivo resta difficile affrontare un percorso che gli possa permettere di elaborare tutta la serie di abbandoni subiti.

Le sue reazioni sono a volte piene di rabbia e le esterna facendosi del male e a volte rivolgendosi anche a me, al fratello e ai miei genitori con fare aggressivo. I suoi sedici anni sono un momento certamente difficile per un ragazzo come lui. E per me fonte di preoccupazioni e di molto impegno. Ma io non mi do per vinta e cerco sempre nuove strategie e cure alternative e innovative per cercare di aiutarlo.

Non so se questa mia ricerca infinita sia dettata principalmente da una non completa accettazione della sua disabilità. Questo non so se mai ci riuscirò. So però che nel tempo sono cambiata e il poter scrivere adesso tutto questo di lui e ammettere i suoi limiti è già un grande passo avanti che ho fatto.

Certo, nei momenti più critici mi viene da pensare come potrà essere il suo futuro, ma sono attimi e non voglio soffermarmici più di tanto. In fondo chi può sapere che ne sarà di noi? Cerco di vivere il presente al meglio.

Adesso, mentre sono in camera mia a scrivere mi giunge un buonissimo profumo. In cucina c'è il mio ex marito che sta infornando la pizza che gli ho chiesto di preparare per noi. Ogni quindici giorni viene qua a Firenze (eh sì, ancora abita distante da noi) e io e i ragazzi lo ospitiamo nella nostra casa. Tra un po' pranzeremo assieme.

Ho lottato tanto per avere la mia bella famiglia, per riunirci tutti e quattro a tavola assieme. Posso finalmente dire di esserci riuscita. È vero, è una famiglia "strana", diversa, fuori dai canoni, ma come poteva essere diversamente? Molte cose nella mia vita sono andate differentemente da come le avevo immaginate ma non per questo sono risultate essere meno belle.

Posso dire adesso di essere molto soddisfatta di quello che ho raggiunto e di come ci sono arrivata. Questo non vuol dire che i miei problemi si siano sciolti come neve al sole o che non ho momenti di sconforto. Purtroppo non è così. Li sto affrontando con una nuova consapevolezza e con molta più fiducia verso la vita e verso le mie capacità.

Ma la cosa di cui sono certa di questa mia famiglia originale è l'amore che ci unisce. L'amore che abbiamo principalmente verso i nostri meravigliosi figli. L'amore, che adesso nutro per me, per quella bambina che sono stata e che molte volte ancora cerco di capire e consolare, è il motore che fa girare e funzionare tutto il mio mondo. Un mondo stravagante, originale e nello stesso tempo meraviglioso. Adesso mi sento di affermare che sentirsi un po' Alice nel Paese delle Meraviglie non è poi così male:

"Ci sentivamo fuori posto, ma era normale per due che come noi non potevano mai essere al posto giusto nel momento giusto. Eravamo i contro-corrente, gli emarginati. Il cappellaio ed io eravamo fili distorti in un arazzo perfetto". (da "Alice in Wonderland")

RIEPILOGO DEL CAPITOLO 5:

- SEGRETO n. 1: Vincere la paura del giudizio, non sentirsi giudicati ma liberi da condizionamenti sociali, familiari è un buon inizio per la propria autostima e la propria crescita.
- SEGRETO n. 2: il buco che senti dentro, l'incapacità di stare in silenzio da soli in ascolto di sé stessi, sono segnali di malessere. Riempire questo buco e questo vuoto con cose esterne non è la soluzione.
- SEGRETO n. 3: stare nel qui e ora, cogliere il presente senza pensare a quello che è stato e senza ansia pensando al futuro. Così dai immenso potere all'adesso e cogli ciò che l'universo ha in serbo per te, che altrimenti non riusciresti a vedere perché distratto.
- SEGRETO n. 4: È necessario diventare consapevoli che la rabbia che proviamo e che può essere necessaria per darci energia e la spinta ad agire è un sentimento che ne nasconde altri come il dolore, la tristezza e la paura.
- SEGRETO n. 5: prendere consapevolezza di sé, dei propri difetti, imperfezioni e paure permette di amare sé stessi per la meraviglia che siamo.
- SEGRETO n. 6: se la mia anima ha programmato di fare una

determinata esperienza di vita terrena per una crescita spirituale, assieme e d'accordo ad altre anime, non ho motivo di essere arrabbiato con l'altro. Neanche di dare la colpa agli altri di ciò che sto vivendo.

- SEGRETO n. 7: se vuoi cambiare qualcosa nella tua vita devi essere disposto a fare cose nuove altrimenti ottieni sempre i soliti risultati.
- SEGRETO n. 8: una comunicazione efficace, quando ci sentiamo non capiti, consiste nell'esprimere all'altro il proprio disagio e il bisogno che sentiamo. Così facendo l'altra persona, non sentendosi accusata, si rende disponibile al dialogo.

Conclusione

Sono arrivata all'oggi, a finire il mio libro. Un libro che fino a pochi mesi fa non era neanche nei miei pensieri.

Mi sembra quasi inverosimile aver raggiunto questo obiettivo se non fosse che posso leggere e constatare che realmente la mia storia è scritta nero su bianco. Ed è la mia, non di qualcun'altra.

Posso ringraziare principalmente Silvia, che nei tanti nostri incontri ha saputo instillare in me l'idea che avrei potuto raccontare la mia esperienza e rendere pubblica la mia storia.

La mia carissima amica Rosanna che mi ha incoraggiata, consigliata e aiutata nei momenti di sconforto (il mio cappellaio matto).

Tutti i miei amici e amiche che mi danno tanto, ognuno a suo modo.

Alla mia mamma e al mio babbo rivolgo un grazie immenso per aver scelto di essere i miei genitori.

Ai miei meravigliosi figli che sono il mio carburante, dico grazie di esistere. E alla piccola Daniela che finalmente è cresciuta e che ringrazio per la donna che è diventata.

E infine grazie a te caro lettore che hai letto questo libro. Se ti è piaciuto il mio manoscritto e hai voglia di entrare in contatto con me, puoi scrivermi a questa email: dadina.sg@libero.it

Io sarò lì ad ascoltarti!

Daniela Ferraro

www.ingramcontent.com/pod-product-compliance
Lightning Source LLC
Chambersburg PA
CBHW070512090426
42735CB00012B/2748